# HAÏTI:
# PERMANENTE
# CONJONCTURE

## Textes et Articles Divers

# AYITI:
# KONJONKTI
# PÈMANAN

## Divès Tèks Ak Atik

**Bito David**

# HAÏTI :
# Permanente
# Conjoncture


# AYITI :
# Konjonkti
# Pèmanan

# HAÏTI : PERMANENTE CONJONCTURE
# AYITI : KONJONKTI PÈMANAN

-------Bito David-------

bitodavid@gmail.com

ISBN: 978-0-9984877-1-7

Couverture / Kouvèti : Éditions PerleDesAntilles
Mise en pages / Pajinasyon : Éditions PerleDesAntilles

Éditions PerleDesAntilles
7054 Chesapeake Circle
Boynton Beach, Florida 33436

Marin 12 # 7
Port-au-Prince, Haïti W.I.

perledesantilles1804@gmail.com
(561) 254-6043 / (509) 3116-8892

# Textes  Et Articles  Divers

# Divès Tèks Ak Atik

# LISTE DES TITRES

# INTRODUCTION

Il est temps de réorienter la barque nationale.

La permanente conjoncture est le maintien du statu quo, la stagnation dans le marasme, la continuité des régimes ineptes et déliquescents, la résilience d'un mauvais système qui perdure et qui semble s'imposer comme une réalité naturelle.

Ce sont toujours les mêmes affiches, les mêmes grands titres, les mêmes considérations, les mêmes diagnostics, les mêmes soucis, les mêmes problèmes, la même politique, même quand le paysage de l'administration nationale change et d'autres générations remplacent les anciennes.

Les mêmes réflexions, les mêmes analyses d'hier, de l'an passé, de la dernière décennie et de plus d'une cinquantaine d'années sont encore de mise et adressent une fois de plus nos mêmes défis, nos continuels obstacles, nos éternelles divisions, nos pérennes incapacités, nos endémiques luttes.

## PRÉFACE

Chaque année, au mois de mai, le District Scolaire de Palm Beach County organise des festivités culturelles pour célébrer le 'Haitian Héritage Month'. En 2000, peu après mon arrivée en Floride, je fus invité à y participer comme conférencier. Il s'agissait d'une série de rencontres conçues spécialement pour les professeurs d'écoles primaires et secondaires de la région fréquentées par des élèves haïtiens. Présents s'y trouvèrent de nombreux éducateurs, soit comme instructeurs, soit comme étudiants. Ce fut l'occasion pour moi de faire la connaissance d'un jeune et brillant intellectuel, conférencier également, et par un heureux hasard, il arriva que nous partagions la même salle de classe et parfois discutions ensemble les mêmes sujets. C'est ainsi que débuta la longue et affectueuse amitié avec Bito David, dont ma famille et moi jouissons aujourd'hui. Durant la première semaine de travail une circonstance apparemment banale et dont probablement Bito ne se souvient même pas m'est resté gravée à la mémoire, car c'était un geste spontané qui illustrait son amabilité. Tard dans l'après-midi, après les classes, élèves et instructeurs étaient déjà presque tous partis. Je me trouvais assis sur le trottoir du local attendant ma femme Nancy qui allait bientôt venir me chercher quand, ayant noté ma présence, Bito s'approcha et me demanda ce que je faisais là tout seul. Quand je lui répondis, au lieu de continuer sa route, il resta avec moi jusqu'à l'arrivée de Nancy. Nos relations avec Bito se sont étendues bien au-delà de rapports amicaux ordinaires, car nous avons en plus la chance de pouvoir profiter de sa vaste expérience comme auteur d'un nombre remarquable d'ouvrages en français, créole et anglais. Mes deux récentes publications n'auraient pas vu le jour sans son aide éditoriale et technique pendant de longues heures à l'ordinateur.

Les célébrations annuelles du 'Haitian Heritage Month' par le District Scolaire de Palm Beach County continuent, maintenant sous la compétente direction de Bito David, diplômé de la Faculté d'Agronomie et Médecine Vétérinaire d'Haïti, B.A. en Gestion Administrative, Floride, M.A. en Fondations Culturelles de l'Éducation, Floride, Spécialiste en Relations Publiques et en Communications Culturelles pour le District Scolaire de Palm Beach County. À ses titres et importantes fonctions dans le domaine de l'éducation, il peut ajouter avec fierté ceux d'écrivain, poète, romancier, historien, nationaliste, patriote révolutionnaire.

C'est certes pour moi un privilège tout spécial que de recevoir et accepter l'invitation de Bito à écrire la Préface de *Haïti : Permanente Conjoncture / Ayiti : Konjonkti Pèmanan,* une compilation de 19 textes sur des sujets différents écrits entre le 12 octobre 1993 et le 12 octobre 2017, arrangés chronologiquement, en commençant par les plus récents. On croirait difficile sinon impossible de pouvoir retrouver dans cette variété un thème unique les rapprochant, mais à mesure que se déroulent les scènes, on découvre le trait commun : le patriotisme, le culte de la Patrie. Tout en flagellant les causes de nos échecs, nos défauts, nos infamies, l'esclavage mental, la corruption, la dégradation morale, les abus de pouvoir, les élections bidon, la tyrannie, le manque de dignité, l'absence de civisme, l'insalubrité, la symbiose entre ordure et splendeur, l'incompétence des dirigeants , la division, l'antihumanisme, le vol, le népotisme, la discrimination, le reniement de notre nationalité, la délinquance, la criminalité, la mendicité internationale, la concupiscence, l'égoïsme, et tant de tares qui caractérisent nos gouvernements et sociétés actuels, l'auteur nous indique la voie à suivre pour « sortir de cette galère », de l'abîme dans lequel est plongé notre pays : c'est l'éducation de notre peuple, l'éducation seul espoir, l'éducation seul chemin qui nous permettra de nous libérer de l'esclavage mental ; imprégner dans l'âme de nos jeunes le culte de l'honnêteté ; identifier nos vrais héros et modèles; combler le déficit de citoyens nationalistes ; sauvegarder l'identité linguistique ; assurer la santé culturelle ; préserver la dignité nationale ; savoir choisir des dirigeants compétents et honnêtes etc. En d'autres termes, il nous faut préparer un curriculum d'éducation civique à l'école, à l'instar de ce qui se faisait avant la dictature des Duvalier. Nombreux sont ceux parmi nous qui se souviennent avec nostalgie du petit bouquin *Instruction civique et morale* dont l'usage jadis était obligatoire dans toutes les écoles. Remplacé par François Duvalier par *Bréviaire d'une Révolution,* cet ouvrage nocif a contribué, hélas avec succès, au lavage de cerveau de millions de jeunes haïtiens qui aujourd'hui encore souffrent de ses séquelles néfastes. Mais grâce à Dieu pas tous, car Bito fait partie de ceux qui ont su préserver leur cerveau de ce venin. Voici comment il raconte lui-même dans *Haïti : Permanente Conjoncture Ayiti : Konjonkti Pèmanan* cet épisode dangereux de son enfance : « Je me souviens quand j'étais élève au Petit Séminaire Collège Saint Martial, sous l'égide du gouvernement de Jean-Claude Duvalier, on nous faisait étudier en classe de sixième secondaire le livre du dictateur Dr. François Duvalier *Bréviaire d'une Révolution* comme manuel de référence pour un cours de civisme. C'était l'un des signes de l'emprise de la dictature sur la psyché de l'homme haïtien... Ce cours de civisme rétrograde a agrémenté le cursus de beaucoup des actuels protagonistes de notre élite intellectuelle. »

Récemment, pour les classes de langue et culture haïtiennes à Toussaint L'Ouverture High School de Palm Beach County, nous avons utilisé *Brevyè Yon Patriyòt* de Bito David comme ouvrage de référence. Quel contraste avec le feuilleton de saletés de François Duvalier ! En voici une description par l'auteur lui-même : « *Brevyè yon Patriyòt* se konviksyon pou gwo konba emansipasyon. Se kredo bon jan sivis pou katalize nanm sitwayen. » Je profite de cette occasion pour en recommander la lecture à côté de celle de *Haïti : Permanente Conjoncture / Ayiti Konjonkti Pèmanan.*

Gérard Alphonse Férère, Ph.D.
Professeur Émérite, Saint Joseph's University

**TEXTE # 1**

**À QUI PROFITENT LES CRISES, LES CASSES DE MAUVAISE CAUSE, LE MARASME ET LA CORRUPTION ?**

**(12 Octobre 2017)**

D'accords politiques circonstanciels, il faut passer à une entente définitive. D'où la nécessite d'un nouveau contrat social à partir d'une conférence nationale. Mais il faut réaliser dans le fond que les crises éternelles bénéficient toujours à tous les acteurs politiques qui en profitent pour pouvoir s'engager à des négociations rémunérées dans les prises de décisions perpétuelles dans les situations exceptionnelles.

La bourgeoisie est bien protégée. Les politiciens ont la force à leur commande. Le bas-peuple en pâtit. Les crises font l'affaire des gestionnaires de crises, des politiciens, des contracteurs de travaux de reconstruction, de réparation et des agents ou organisations de la vente des solutions.

Les intérêts ne sont jamais ceux de la majorité, du gros peuple, ou de la masse des exploités. Même quand ils sont en foule dans les manifestations, brandissant drapeaux et pancartes et lançant de gros slogans pour faire passer leurs revendications, ce qui mijotent dans les couloirs et dans le fond de la scène sont des manigances de récupération et d'orientation de leur mouvement.

Il y a la décadence institutionnalisée ; Il y a la décadence dans les négociations et les petites affaires ; Il y a la décadence formelle dans le fonctionnement général de la société. Tout cela crée une culture de perversion et de malversation qui produit des crises, des casses de mauvaise cause, le marasme général où la marche de tout l'appareil national est infecté.

Les crises ont aussi cet effet psychologique qui sert à établir la confusion, la peur, l'anxiété et le déséquilibre dans l'esprit des gens en les rendant plus vulnérables à la manipulation. Les manipulateurs de masse pour leur contrôle et le maintien d'un agenda de domination et d'exploitation parmi l'élite oligarchique maintiennent toujours des situations critiques qui n'affectent jamais négativement leur bien-être mais créent la panique et la consternation chez la masse des dominés.

Les peuples dans le marasme souvent restent dans cette situation quand un système aliénant et marginalisant est mis en place pour garantir qu'un groupe social en bénéficie. Paradoxalement là où il y la misère on peut trouver la richesse des opportunistes et des spoliateurs. Là où il y a l'oppression est le champ de fortune des tyrans.

Les crises, les casses de mauvaise cause et le marasme sont d'ordinaire la toile de fond de la corruption, et ensemble tout cela profite à des catégories dans la société. L'échelonnement social est construit de telle sorte que les stratifications subissent de façon différente les actions qui affectent leur environnement. Au bas de l'échelle, la classe la plus démunie subit le poids de tous les fardeaux que mettent sur ses épaules ceux qui sont sur les strates supérieures.

Dans le cas d'Haïti les premiers bénéficiaires sont les politiciens véreux. Traditionnels profiteurs de la chose publique, ces sangsues et vampires ne sont que trop nombreux sur la scène nationale au sein de trois pouvoirs et dans leurs ramifications dans l'administration des collectivités territoriales. Ils alimentent les débâcles à partir desquelles ils font leur beurre, tirent avantage des catastrophes et des désastres et nourrissent les tensions improductives pour créer le chaos propice aux magouilles des négociations de sortie de crise qui sont toujours payantes. Même au sein de leurs structures politiques, leurs partis et leurs alliances, les brouilles, la zizanie et les mésententes, qui toujours rendent perplexes les observateurs, sont des stratégies de gestion de leur business politique absurde mais qui pour eux constituent la bonne marche des choses. Très souvent financés par des groupes d'intérêts, ils mènent leur sale besogne politique dans le gâchis des perturbations, des troubles et de la stagnation.

Les crises, les casses de mauvaise cause, le marasme et la corruption profitent à l'élite immunisée contre la banqueroute, l'insécurité financière et qui ont le pouvoir d'investissement dans toutes les circonstances. Dans le concert international, les grandes guerres et les conflits sanglants et dévastant créent des opportunités de réinvestissement ajoutées à la lucrative vente d'armes, d'appareils, d'équipements et de munitions de la part des grandes compagnies.

AYTTI : KONJONKTI PÈMANAN

Les crises, les casses de mauvaise cause, le marasme et la corruption produisent la situation idéale du plan subliminal de l'agenda de l'international pour Haïti pour le maintien d'un statu quo néocolonialiste. Dans ce décor de division et de discorde, d'antagonisme et de chaos, ne pourra jamais se concrétiser aucun développement de la conscience nationale pour réaliser la nécessité de la définition d'un nouveau contrat social et d'un Plan Stratégique de Développement Intégré à long terme conçu dans le compromis par tous les secteurs vitaux de la nation. L'unité ne sera jamais faite pour identifier les ennemis de la nation, ceux qui implémentent des politiques en sa défaveur, ceux qui négocient des contrats qui ne sont pas dans ses intérêts, ceux qui font des interventions et gèrent des organisations de résolution de crises qui paradoxalement existent à partir de ces crises mêmes et n'ont aucun avantage à ce qu'elles soient résolues.

Alors que le chambardement révolutionnaire, chaotique de nature, est souvent la solution pour le changement des systèmes corrompus, dictatoriaux et oppressifs, le chaos permanent d'un statu quo de marasme continuel contribue toujours à perpétuer la stagnation dans une société où le manque de leadership, le manque de vision, le manque d'orientation, le manque d'organisation, le manque de détermination positive deviennent la gangrène qui envenime une société. Cependant, paradoxalement, cette situation est d'habitude perpétrée et alimentée par des groupes qui en bénéficient.

---

## TÈKS # 2

## KISA NOU KAPAB KONTRIBYE, KISA NOU DWE DAKÒ SAKRIFYE ?

(17 Septanm 2017)

Nan yon peyi tèt anba, devan dèyè, alanvè san landwat, anbreye sou bak ak obstak tribò babò, yon sigarèt limen tou de bò, yon kò ki gen maleng tout kote, yon ka pi grav pase aksan grav ekonomikman, sosyalman, politikman ; nan yon peyi viktim istwa ak sikonstans defavorab, eksplwatasyon pisans etranje, trayizon natifnatal lakay, mank patriyotis ak vizyon sitwayen lokal, kisa nou kapab kontribye, kisa nou dwe dakò sakrifye ?

Nan yon peyi kote tout enstitisyon yo kowonpi, administrasyon pouri ak resous imèn depafini, kote lalwa ak dwa moun pa gen okenn referans pou aplike ni pou respekte, kote krako sosyal nou sal, lèd, epi an move eta, kote estrikti sosyal nou se yon piramid dezakse, kote idantite n maske, kote detèminasyon n ap brete, kote espwa se sove, vole gagè, mawon, jete n jan l pase l pase nenpòt ki kote nan lòt peyi nou panse san reflechi kondisyon yo pi bon pase lakay... kisa nou kapab kontribye, kisa nou dwe dakò sakrifye?

Anpil nan nou chita ap kritike epi pale nan deba, men nou pa pwodui, nou pa patisipe, nou pa angaje, nou pa kontribye, nou pa pwopoze okenn bon lide. Se toujou nèg yo n ap tann deside, se toujou nèg yo n ap suiv ki ap pale, mistifye, anvoute, andjoze yon pèp krebete. Anpil nan nou ki chita ap kritike, pa chache konpetans pou rive byen atikile yon pèspektiv chanjman, ni chache konprann reyalite ki fè peyi n ap koukouman. Nou pito ap vejete, pale koze pye kwochi epi aliyen n dèyè demagòg ak nayivte epi inyorans. Konsa, san nou pa rann nou kont, nou vin fè pati pwoblèm nan olye nou ta nan kan solisyon an.

Anpil nan nou rete bouch be pami majorite bèbè. Genyen yon gwoup ki ap chache lovaye ak yon timidite ki pa kapab pote gwo rezilta chanjman epi ki pa sann nan pip tabak fonksyonnman peyi a. Gen sa ki ap kalme konsyans sitwayen yo ak diskou pasifik reziyasyon ak akomodasyon pou kenbe reyalite a jan l ye a. Gen sa k ap pwoteje enterè yo, pozisyon yo ak trankilite lavi kotidyen yo. Gen sa k ap peze souse nan yon sistèm tout koukouy klere pou pwòp je yo, sovajri chen manje chen nan yon jeng zannimo kanibal. Dènye sa yo, pi fò se politisyen, manm klas byennere yo, ak klas opòtinis yo.

**Kisa nou kapab kontribye ?**
Kontribisyon primòdyal yon sitwayen se dabò responsablite l ak devwa sivik li. Yon bon fòmasyon sivik sou ban lekòl dwe deja bay tout

moun fòmasyon sou responsabilite sa yo. Yon peyi ki andelabreman toujou genyen yon pakèt sitwayen ki pa responsab epi ki pa akonpli devwa sivik yo pandan y ap mande anpil, revandike toutlajounen epi mete presyon sou resous nasyonal yo.

Nou dwe kontribye nan respekte lalwa, tout lwa ekitab epi jis ki tabli pou bon fonksyonnman sosyete a. Nou dwe kontribye tou nan patisipasyon politik pou kapab garanti lwa sosyete a se lwa ki ekitab. Lè sitwayen pa patisipe politikman nan jesyon peyi l, sa kite yon vid pou enkonsyan ak antipatriyòt pase ajanda yo. Patisipasyon politik se vote epitou se angaje w kòm resous pou mete men nan jesyon kominote w ak peyi w nan travay leta, pozisyon politik elatriye. Direksyon ak administrasyon yon peyi pa chwal papa yon sèl gwoup ni yon sèl sektè.

Kontribisyon n rive pi devan nan respekte anviwonnman kote n ap viv epi pwoteje l. Nou dwe onèt pou n remake degradasyon anviwonnman nou kontribye pou apovri l. Nou dwe dakò tou degradasyon anviwonnman nou dabitid se noumenm ki lakòz li. Kidonk li enpòtan pou yon sitwayen jwe yon wòl avangad nan pwoteksyon milye li ap viv la.

Patrimwàn nasyonal la se yon byen kolektif. Peyi a se pwopriyete noutout kidonk se noutout ki pou jere l nan tout nivo. Nan nivo ekonomik, chak sitwayen dwe kontribye nan envestisman pou jere peyi l. Peye enpo, taks, ak tout dwa finansye pou patisipe nan jesyon ak administrasyon ekonomik yo peyi se responsablite chak sitwayen ki ap benefisye rezilta envestisman sa a.

Kontribisyon debaz yon sitwayen kapab ogmante apati fonksyonnman sosyal l li nan aktivite li. Genyen anpil sitwayen ki genyen talan, konesans, kalifikasyon ak savwa avanse ki ta dwe pwodui pou emansipasyon sosyal, ekonomik ak entèlektyèl sitwayen peyi l. Konsa li ogmante mas konesans nan peyi a, ede lasyans ak teknoloji devlope epi mete eskanp figi kominote l kanpe byen wo nan konpetisyon ak lòt peyi.

**Kisa nou dwe dakò sakrifye ?**

Nan ka yon peyi apovri, eksplwate, nan sitiyasyon sosyal mizerab kote byennèt kolektif ak sante anviwonnman an menase, devwa sitwayen konn plis pase nan lòt peyi kote elan devlopman gen tan mennen yo sou podyòm pwosperite. Peyi dekonstonbre tankou Ayiti genyen nesesite sakrifis ki depase kad senp kontribisyon sitwayen.

Nan ka mabyal sitiyasyon malouk peyi ki soufri maldyòk, premye reflèks yon sitwayen se souvan sovtaj pèsonèl kote chape poul anba lamizè ak kondisyon ekzekrab vin priyorite pou chak grenn moun jan l pase l pase. Men, sovtaj yon nasyon toujou andikape lè chak sitwayen l ap chache regle koze pèsonèl yo oswa koze ki regade ti klan redui yo. Sakrifis an komen dwe ajoute sou sakrifis pèsonèl nan lide imanis ak patriyotis si sitwayen nan peyi ki andegraba yo vle wete l nan move kondisyon malsite kòm yon sosyete.

Sakrifis nan sans sa a se konsantman pou renonsyasyon twòp byen, twòp posesyon, twòp privilèj, twòp resous, sitiyasyon opilans nan konfò ak stabilite. Se angajman nan kondisyon difisil. Se aksepte limite nivo pwofi. Se aksepte kontribiye plis pase nòmal. Se aksepte mezi osterite.

Si tout klas nan sosyete a genyen responsablite aksepte kontribye kòmsadwa nan mezi posiblite yo, jan leta bezwen sa, klas ki pi eze epi ki konn benefisye plis privilèj yo dwe aksepte anplis kontribisyon nòmal yo, konsanti lòt sakrifis. San sakrifis pou bouche twou povrete, twou mank resous, twou defisi, twou inegalite sosyal, twou mank finans, twou mank konpetans, n ap toujou depann sanpousan de charite ak lamàn nou panse ki kapab tonbe soti nan syèl. Konbit, kolaborasyon, kowoperasyon, men nan men, inyon imanis dwe vin slogan tout moun san divizyon pou byennèt kolektif.

Leta dwe pran mezi osterite pou depanse mwens nan liks, sèvis ki pa itil, ak granpanpan ki pa enpòtan, epi reoryante lajan ekonomi sa a nan pwojè ak pwogram ki pou benefisye nasyon an. Leta dwe repanse nivo salè gwo anplwaye ak privilèj ekonomik yo ki depase epi repati byen finansye peyi a nan tout komin ak seksyon riral yo.

Elit ekonomik la dwe konsanti limite pwofi yo, kontribiye nan envestisman pou devlopman nan peyi a nan tout domèn, sipòte politik pou ogmante salè minimòm ti anplwaye.

Elit entèlektyèl la dwe met men nan pat la pou pwodui literati devlopman, kourikoulòm ki fòme ayisyen konsekan, edike jenès la pou bon sitwayènte. Yo dwe mete ansanm pou devlope plan estratejik devlopman peyi a sou yon peryòd alontèm.

Nou dwe konsanti soti nan konfò sekirite pèsonèl nou pou n angaje n nan batay politik, ekonomik ak sosyal pou redore eskanp figi peyi a. Moun ki gen konesans dwe bliye presyon ak menas ki fè yo deside kanpe lwen politik pou deside pran bak peyi a nan men yo. Inivèsitè ak kad ki fòme dwe deside rete nan peyi yo pou ede nan devlopman lokal pou garanti yon jesyon gouvènmantal ki sen.

Dyaspora ki akimile konesans ak byen nan peyi etranje, si yo konsekan pou peyi yo, yo dwe tounen pou vin patisipe entèlektyèlman ak ekonomikman nan devlopman kolektivite kote yo soti, depatman yo, komin yo ak seksyon kominal.

Nou dwe kreye yon fon devlopman nasyonal pou kolekte yon fason sistematik èd lokal ki ap kontribisyon sitwayen pou devlopman peyi a san se pa charite èd etranje nou toujou ap tann pou balanse bidjè nou chak ane epi finanse pwojè pou nou.

Kontribisyon chak sitwayen ayisyen nan yon konbit nasyonal sou baz rekonsilyasyon nasyonal apati jistis pou yon antant nasyonal, devlopman yon nouvo kontra sosyal, detèminasyon pou inite ak byennèt kolektif nesesè pou retire n nan mera nou ye. Anplis kontribisyon sa yo, dwe genyen sakrifis ki obligatwa.

Se ak sakrifis fondatè patri nou yo te pran endepandans pou ba nou libète. Okenn gwo reyisit pa p janm kapab fèt san sakrifis, sitou nan sitiyasyon difisil.

**TEXTE # 3**

**L'ESCLAVAGE MENTAL : Une Réalité Qu'il Faut Transcender**

(10 Septembre 2017)

Les rapports entre les hommes sont souvent établis à la base suivant une relation d'esclavage et d'exploitation. Sans le savoir, nous sommes souvent sous l'emprise de la volonté d'un autre qui prend avantage de notre existence. Et sans le savoir parfois, nous sommes dans des positions de puissance où nous exerçons sur les autres l'influence de notre pouvoir, les laissant désarmés, impuissant et ainsi incapables de décider leur propre volonté. À chaque type de rapport correspond un type d'esclavage. Dans ma typologie je citerai : l'esclavage physique, l'esclavage émotionnel, l'esclavage contractuel, l'esclavage mental qui peut être psychologique, institutionnel, moral, etc... tout ceci créant des rapports ou des relations de dépendance et de vassalité engendrant la marginalisation, la discrimination, la frustration, l'insatisfaction, la colère, l'étouffement, qui contribuent aux revendications, aux éclatements, aux chambardements, aux révoltes, aux guerres et aux révolutions.

L'esclavage qui peut être défini comme la suppression ou la réduction de la liberté d'un homme, et l'obligation qui lui est faite de travailler pour le bien d'un autre, établit une taxonomie raciste qui différencie les hommes. L'esclave ne saurait être égal à son maitre. Ceci entrainerait un danger de réciprocité. Suivant la typologie, il y a donc toujours d'un côté un le maitre supérieur et dans l'autre le subordonné inférieur. Et dans la ligne de ce continuum se trouve au milieu l'idéologie et les méthodes de coercition pour maintenir le système.

## L'esclavage physique

L'esclavage formel, à quoi on fait traditionnel-lement référence à chaque fois qu'on aborde le sujet, est toujours la contrainte physique. On y retourne de coutume au cas historiquement classique de la traite de noirs et du système qui a aliéné des millions d'africains à la solde de la suprématie européenne blanche. Mais ce n'est pas le seul cas d'esclavage physique dans l'histoire de l'humanité.

Dans ce continuum, le blanc considéré et légiféré comme supérieur, exploitait, maltraitait, disposait de la vie des nègres, considérés et légiférés inférieurs, pour son bien-être, son service et la cause de son économie. L'apprivoisement physique, la violence et la torture furent les principales méthodes de contrainte pour obliger à la soumission. Les séquelles de cette violation de l'intégrité humaine sont encore purulentes sur le continent africain et dans tous les pays où les nègres ont été exportés comme bétail. L'esclavage physique laisse aussi des cicatrices psychologiques profondes qui affectent le mental, les comportements et les attitudes dans tout l'environnement social des sociétés victimes.

**L'esclavage émotionnel**
En plus de l'esclavage physique, il y a des conventions et des contrats sociaux entre les hommes qui représentent la légitimation des rapports aliénants qui frisent l'esclavage. Le mariage sur fond d'un commun accord de vie commune est une acceptation de la renonciation de certaines libertés pour un vœu de fidélité émotionnelle à un conjoint aléatoire sur la base de l'amour. La réalité montre la temporalité de ces engagements effervescents au début mais qui deviennent ternes dans le temps.

Ce vœu représente l'exemple qui illustre bien l'esclavage émotionnel, accepté par plus d'uns, mais dont les principes, les règles et les termes sont continuellement violés par les contractants.

Le renouvellement des vœux qui justifie la raison sentimentale de la perpétuation d'une relation émotionnelle, s'il n'est pas forcé ou motivé par des intérêts, serait le moyen le plus convaincant de prouver la validité sentimentale du contrat. L'esclavage émotionnel souvent n'est pas imposé par un parti dominateur mais trouve son fondement sur la faiblesse du quotient émotionnel des individus de chaque part.

## L'esclavage contractuel

L'esclavage contractuel est sur la base de notre acquiescement à des contrats qui nous déprivent de notre liberté de décider sans considérer les accrocs dans lesquels nous nous sommes entortillés par besoin, par nécessité, par pression, par hétérosuggestion, par naïveté ou par ignorance. Le mariage, pris en exemple plus haut dans le cadre de la définition de l'esclavage émotionnel est en même temps un esclavage contractuel.

Certains contrats de travail suppriment la liberté d'un individu pour un service dû à un patron qui ne le rémunère pas de façon adéquate ou équitable. Certains contrats de commerce, d'affaires, de service, nous rendent esclaves, car ils sont des hypothèques sur notre temps et notre liberté d'action et de décision qui nous empêchent de vivre pour nous-mêmes ayant l'obligation de nous acquitter de certaines dettes souvent trop lourdes pour nos moyens et dont parfois nous n'arriverons à nous débarrasser pendant toute la durée de notre vie.

La liberté est loin d'être une situation où quelqu'un n'a pas les mains et les pieds liés ou n'est pas confiné dans une prison physique. La liberté est dans un sens général la capacité pour l'homme de décider pour lui-même ce qui convient à sa vie, suivant son agenda, ses croyances et sa philosophie.

## L'esclavage mental

Différemment des formes d'esclavage imposées par la force, manu militari, par un groupe qui a le pouvoir de contraindre d'autres à la servitude par l'oppression et la violence, l'esclavage des temps modernes a dépassé en idéologie les approches archaïques d'assujettissement qui avaient pour conséquence le développement chez l'opprimé du désir et du rêve de liberté et d'émancipation qui pouvaient être endoctrinés par certains esprits révolutionnaires dont les chaines auraient catalysé chez eux un élan humaniste effervescent et incontrôlable pour devenir comme les Boukman, les Dessalines, les Capois, les Péralte, les Sankara, les Allende, les Castro, les Guevara, les Chavez de l'histoire de l'humanité. Le nouvel ordre mondial n'accommode pas ces modes rébarbatives d'asservissement. Le tyran a évolué et a amélioré ses méthodes pour les rendre plus effectives, plus adaptées aux réalités du temps.

En dépit de toutes les propagandes humanistes de déclaration universelle des droits de l'homme et de respect de la dignité de la personne humaine, la plupart de nos sociétés contemporaines sont des sociétés néo-esclavagistes. L'esclavage moderne prend une forme où l'asservi est mentalement et psychologiquement aliéné et leurré dans une pseudo-liberté dans la société qui élimine chez lui tout désir d'affranchissement, toute velléité d'émancipation de sa personne.

Dans ce type d'esclavage, au milieu de continuum de son établissement, les forces de coercition sont psychologiques, institutionnelles, morales. Le clan dominant se sert de moyens subliminaux pour établir une réalité virtuelle ou la définition de liberté se fait par des critères dont il domine la portée. L'éducation de la masse des moutons de Panurge est faite en ce sens et le curriculum de la vie sociale reflète exactement l'agenda de la faction qui domine.

Par exemple, l'établissement des classes sociales, l'acceptation du droit à la richesse d'un groupe et de la fatalité de la pauvreté et de la misère chez d'autres, la reconnaissance factice des systèmes sociaux, des régimes gouvernementaux, la foi, les règles de moralités, sont autant de prémisses dans la logique de la gestion sociale qui n'ont jamais été soumises au jugement et à l'approbation de tous les hommes. Avec le temps, mentalement dominé, nous acceptons toutes les prémisses sans les questionner.

L'esclave mental, contrairement à l'esclave physique, est une personne qui peut être éduquée. Les chaines ne sont plus dans ses bras, ses pieds et son cou, mais disparaissent pour devenir invisibles, agissant uniquement dans son cerveau par une contamination de son intellect, de sa façon de penser et dans ses philosophies. L'esclave mental peut être un grand larbin, une victime du syndrome de Stockholm, un propagandiste de l'idéologie du tyran. Il niera avec force le fait que l'assujetissement peut avoir des effets psychologiques, sociaux, économiques et politiques qui peuvent s'étaler sur de longues périodes de temps et surtout quand un système remplace un autre sous une différente forme. Il sera le porte-parole de l'idéologie de la classe dominante, les nantis historiques, l'oligarchie traditionnelle d'exploitation. Il sera contre tout devoir de mémoire et aura tendance à accuser la victime d'être responsable de son sort.

La population du monde vit aujourd'hui dans cet esclavage minutieusement élaboré. Les nouveaux tyrans sont dans la colonie d'une oligarchie mondiale, transnationale qui a redéfini les rapports de domination et d'exploitation suivant d'autres paramètres maintenant difficiles à réfuter car s'établissant sur la base de lois, de contrats, à façade légitimes, acceptables, raisonnables et explicables. L'esclavage ainsi amendé, le système peut aisément former des valets intellectuels, les vrais garde-fous de cette institution et cette philosophie moderne. Il établit des modèles de gouvernement obligatoires, des démocraties intempestives, et des protocoles de fonctionnement social qui, quand ils ne sont pas suivis par un groupe, il devient passible de sanctions et de la réprobation collective. L'esclave mental est fier de son affiliation idéologique et ne voit aucune différence entre lui et son maitre. Il devient aveugle devant les différentiations, ne comprend plus les principes d'équité. L'esclave mental peut être un éloquent propagateur de l'évangile qui a infecté son esprit pour le rendre docile et conciliant, qui se prononce toujours énergiquement contre toute idée de révolution. Prédicateur de la réconciliation, de l'abnégation, de la civilité, de la paix, il ne s'érigera jamais contre les abus perpétrés par la classe dominante sur les discriminés.

**Comment transcender l'esclavage et plus précisément l'esclavage mental ?**

Pour se libérer de l'esclavage physique et de la colonisation, les pères fondateurs de la République d'Haïti ont adopté la formule la plus simple, dans une résolution prouvée la plus efficace et sublime, exprimée à partir d'un slogan qui a motivé les esclaves de Saint-Domingue à la révolution contre l'empire Napoléonien. Le slogan était : 'VIVRE LIBRE OU MOURIR'.

Ce cri de dignité humaine sublime ne saurait être fait sans la bravoure, la détermination à l'autodétermination, à l'indépendance, la croyance à l'égalité sociale. L'esclavage physique était d'une cruauté inhumaine.

L'homme contemporain doit transcender la nouvelle forme d'esclavage du nouvel ordre mondial par un engagement à la révolution perpétuelle autant que le monde évolue et que les oligarchies trouvent d'autres moyens pour subjuguer des groupes. L'idée que les révolutions soient périmées et que les peuples n'ont qu'à se résigner à accepter le joug incontournable de l'oligarchie d'exploitation et de contrôle, car on n'y peut rien et n'a pas le choix, est une des méthodes de l'esclavage psychologique qui réduit l'assujetti dans une situation de démission et de renoncement à toute velléité de revendication pour son autonomie. Le questionnement des règles, des lois, des idéologies et des théories pré-établies est une première condition préalable qui prépare l'esprit à l'engagement sur la route de l'émancipation. La seconde condition est le développement de l'intellect par l'éducation pour arriver à comprendre les mécanismes de conditionnement mental, acquérir les grandes connaissances nécessaires qui permettent de dominer l'environnement ou on évolue, car celui qui maitrise, contrôle et commande l'environnement de la vie sociale, a la capacité de dominer les autres par la définition de leur réalité.

Cependant l'homme doit se libérer d'abord de lui-même et de sa tendance au *larbinisme*, à la faiblesse de ses émotions, à l'égoïsme excessif, et cherchera à dépasser les limites de son intellect. Il lui faudra s'instruire à une nouvelle école qui enseignera l'humanisme à la place de toutes autres philosophies de vie relationnelle. Il se regardera égal à son prochain et son prochain égal à lui-même, et n'acceptera jamais aucun paternalisme, aucune agression, aucune domination quels que soient les motifs, les prétextes et les prétendues justifications. Il envisagera une nouvelle conscience qui le propulsera vers le cosmos au lieu de le rattacher à la nécessité de dominer et contraindre son environnement ambiant. L'homme digne d'être humain est l'homme qui accepte de vivre pour combattre et mourir avec bravoure et intégrité en exerçant son propre empire sur lui-même.

L'esclavage sous toutes ses formes est à combattre et à vaincre. La nouvelle donne de la domination des esprits est un nouveau challenge qui s'impose aux revendicateurs des droits de l'homme dans sa totalité. Le mal est aujourd'hui plus subtil, plus subliminal et l'oppression plus coercible car les technologies et les avances dans la science de la psychologie du pouvoir donne au camp dominant des avantages exorbitants.

## TEXTE # 4

### NOUS DEVONS SORTIR DE CETTE GALÈRE

(8 Septembre 2017)

Peu à peu ils nous ont habitués à la kleptocratie, la médiocratie, la ploutocratie, et la voyoucratie. Ils nous ont rabaissés aux standards de l'incompétence, de l'inaptitude, de l'ignorance, de l'amateurisme, du charlatanisme et de la démagogie.

Peu à peu ils ont établi la discordance, l'hostilité, la méfiance, la haine, et l'antihumanisme entre nous pour nous empêcher de nous unir.

Lentement ils nous ont engagés dans des systèmes de corruption, de crapulerie et d'escroquerie.

Sans qu'on l'aperçoive ils nous ont instruits à la débauche, au dévergondage et à la grivoiserie.

Peu à peu ils nous ont habitués à vivre dans les immondices, les fatras et les détritus, pataugeant tous les jours dans la puanteur la plus infecte.

Tout simplement ils ont instauré la mauvaise gestion, le vol, le détournement de fond et la dilapidation du trésor public.

Systématiquement ils pratiquent le népotisme, le favoritisme, l'exclusion et la discrimination.

Peu à peu ils nous ont enseigné la négation de notre culture et de notre identité, et dévalué ce que nous devrions vénérer pour adopter d'autres canons et pratiquer d'autres coutumes.

Peu à peu ils nous ont soumis à la dépendance en nous empêchant de produire pour nous-mêmes pour notre autonomie.

Peu à peu ils nous ont contraints au sauvetage personnel, à l'abandon de notre pays, au reniement de notre nationalité, au refus de nous engager dans la gestion de notre patrimoine national.

Peu à peu ils ont asphyxié les semences de nos bonnes moissons et dénaturé les productions de nos plantations.

Peu à peu ils nous ont convertis en mendiants internationaux, en délinquants, en bandits et en hors-la-loi.

Petit à petit Ils ont tué dans l'œuf les germes qui pourraient faire fructifier notre révolution. Ils nous ont contraints à la résignation et au défaitisme.

Peu à peu ils nous ont appauvris, dépouillés, et avec les rênes du pouvoir et en s'appropriant et exploitant tout notre avoir, ils nous ont réduits dans l'indigence, la misère, la morgue, l'insouciance et la négligence.

Peu à peu ils nous ont gangrénés, corrompus, infestés de tous les maux qui peuvent nous rendre pestilentiels.

Peu à peu ils nous ont convertis de la première fierté mondiale à la première misère hémisphérique dans le complot d'une complicité transnationale alors qu'une oligarchie jouit du bien-être digne de l'humain.

Ainsi aujourd'hui, notre image est souillée, notre visage maculé par la malpropreté, sans dignité, sans intégrité, sans autonomie et sans souveraineté. Notre société devient par conséquence sévèrement handicapée et nos populations déshumanisées, appauvries, enlaidies. Notre orgueil est maintenant une acceptation de cette laideur, un déni de notre piteuse situation, une fausse fierté.

Aujourd'hui, une fois de plus et de plus, il nous faut un réveil de notre conscience et de notre sincère orgueil, de notre détermination à la dignité, pour relever les défis auxquels nous faisons face, vaincre les ennemis de notre émancipation, renverser les obstacles à notre développement.

Peu à peu les élites de cette nation dans tous les secteurs qu'ils soient intellectuels, économiques, politiques, religieux, médiatiques, nous ont humiliés, vilipendés, avilis, déshumanisés. Aujourd'hui dans la peur nous nous laissons faire, acceptant l'inacceptable dans un pays au leadership abominable.

On n'a plus besoin de charlatans et de diseurs de bonne aventure. Plus besoin de vendeurs de rêves utopiques et de promesses creuses ! Plus

besoin de plans de clan et de politique de partis !
Il nous faut un réveil collectif, un projet global
fusionnant toutes nos aspirations pour un
sauvetage collectif.

Peu à peu nous devons sortir de cette galère si à
notre réelle libération nous y croyons, si nos
monstres nous combattons, et si des hommes à
posture verticale nous avons encore parmi nous.

Le réveil collectif devrait être précédé par un
réveil individuel à partir de l'éducation d'une
nouvelle génération à des idéaux d'émancipation,
d'humanisme et une flamme révolutionnaire qui
l'inspirera à transcender les blocages qui nous
empêchent généralement de nous révolter
contre les systèmes puants qui sont :

- Le besoin de protection de notre
  petite personne et des biens qui s'y
  rattachent,
- La peur et les différents types de peur,
- L'appât de la luxure, de la concupiscence, de l'opulence et de la richesse,
- La vulnérabilité à la corruption,

- L'égoïsme,
- Le manque d'humanisme,
- Les croyances aliénantes,
- L'avidité,
- Le manque de dignité,
- Le manque d'intégrité,
- Le manque de personnalité,
- Le manque de bravoure,
- Le *larbinisme*,
- La résignation,
- L'ignorance,
- La naïveté,
- Les idéologies d'exploitation,
- Le mépris de la dignité de la personne humaine.

Cependant considérant l'état de putréfaction de notre situation socio-politique, le temps n'arrange que les escrocs. Il faut une éruption effervescente, fracassante et spontanée de cette population catalysée par le leadership salutaire d'un clan de spartiates qui n'ont pas peur de devenir des martyrs et de pouvoir mener une révolution dans le sens le plus extrême du terme en dépassant les blocages mentionnés ci-dessus et en consentant les sacrifices qui s'imposent pour laisser leur confort paisible et déterrer la hache de guerre contre la tyrannie des vilains par tous les moyens nécessaires afin de doter ce pays d'un nouveau modèle de direction.

## TEXTE # 5

## POURQUOI IL Y AURAIT-IL UNE NÉCESSITÉ D'AMÉNAGER L'ENVIRONNEMENT LINGUISTIQUE HAÏTIEN AFIN D'ACCOMMODER L'EMPLOI DE LA LANGUE FRANÇAISE ?

(5 Septanm 2017)

On n'impose pas une langue à un peuple. Les modes de communication entre les peuples se développent normalement suivant leurs réalités, les dynamiques qui se dégagent de l'environnement où ils évoluent et l'expérience qu'ils vivent. Les langues sont donc des composantes intrinsèques des cultures.

Pourquoi il y aurait-il une nécessité d'aménager l'environnement linguistique haïtien afin d'accommoder l'emploi de la langue française ? Pourquoi cette langue, si elle reflète ou du moins est un mode de communication essentiel dans cette communauté, ne s'impose-t-elle pas par elle-même sans la propagande et le patronage d'une intelligentsia élitiste francophile ? Pourquoi ce besoin d'adaptation, de législation renforcée ou d'imposition planifiée ? Pourquoi cette peur de son éclipse linguistique ?

Après deux siècles de statut officiel, quel est le bilan de la langue française dans l'émancipation linguistique, intellectuelle et sociale du peuple haïtien ? Qu'avons-nous gagné en termes de coopération internationale pour notre développement que cette langue aurait facilité ?

Si selon Robert Berrouet-Oriol qui dans son article sur le sujet *"Faut-il exclure le français de l'aménagement linguistique en Haïti ?"* stipule dans son raisonnement que le créole n'est pas la réponse aux maux de la société haïtienne, qu'en est-il donc du français, traditionnelle pierre d'achoppement à l'émancipation intellectuelle du peuple ? Serait-elle la solution si on la répandait sur tout le territoire national, dans nos villes hors de Port-au-Prince et nos campagnes où elle est quasi-inexistante ?

Selon Berrouet-Oriol :

> *Le factice « fransé sé danjé », faut-il encore le souligner, est également toxique dans la mesure où il pervertit une analyse conséquente des réalités économiques, sociales et politiques du pays au seul profit d'une myopie idéologique promue au titre d'une « analyse » linguistique. Le bouc émissaire de nos maux sociétaux étant ainsi trouvé — c'est la langue française —,* **le salut viendrait donc de son expulsion du futur aménagement linguistique d'Haïti.**

*Encore une fois, nous sommes loin des sciences du langage et de la jurilinguistique: nous voici convoqués par les errements d'un regard idéologique borgne à une défense unijambiste du créole haïtien...*

On sera tous d'accord qu'un peuple s'instruit mieux dans sa langue maternelle, celle qui traduit sa réalité de tous les jours dans tous les domaines de sa vie. Ce n'est pas un regard idéologique car le choix des modes de communication ne sont jamais des recommandations de linguistes, de terminologues, de grammairiens ou autres dits experts dans ces domaines. Il faut noter pour ces experts que les langues précèdent les sciences qui les étudient. Une politique linguistique nationale ne peut qu'entériner la langue populaire nationale en mettant les balises et établissant les standards pour son émancipation et son utilisation officielle et académique. Les langues ne sauraient être des technologies ou des choix de communication importés qui ne correspondent pas à la réalité d'un pays, d'une nation, d'un peuple surtout quand ce choix aliène beaucoup plus ce peuple qu'il ne l'émancipe intellectuellement.

Dans le cas d'Haïti où un groupuscule persiste dans une obstination d'imposer la langue française à une population qui parle essentiellement le créole, il semble peut-être que nous souffrons du complexe de la vengeance de la race, illustrée par Maurice Sixto, pour nous enorgueillir à utiliser une langue juste pour une fornication intellectuelle au nom des élucubrations linguistiques, ou sommes-nous comme son 'jeune agronome' qui n'arrive pas à communiquer habilement avec le paysan de la plaine de l'Arcahaie.

Moi aussi, victime de cette éducation, car beaucoup de mes écrits sont aussi dans cette langue, je me vois à l'instant même obligé de répliquer en l'utilisant, ceci après plusieurs de mes textes en créole sur le sujet. Il parait que la nécessité d'accommoder nos *zuzus turlututus* francophiles haïtiens ou d'autres expatriés naturalisés non-créolophones, plus habiles dans l'expression de la langue coloniale, aurait souvent eu gain de cause sur mon militantisme pour la langue créole (rions un peu : mais souvenons-nous de mon mea culpa car je suis aussi un produit de cette formation en langue française). Ou peut-être comme je l'ai dit dans un article précédent, je suis moi aussi victime de ce virus de déconnexion ayant passé près de vingt ans dans ma vie à apprendre dans cette langue de classe et de livres.

Il y a des faits de principe, de logique, et d'évidence dont le reniement, même par des élaborations intellectuelles et académiques éloquentes, traduit des motifs douteux. La question linguistique en Haïti est un cas convaincant. Tout le processus d'aménagement linguistique en Haïti ne peut que concerner des mesures dans tous les domaines pour valoriser, structurer, légiférer et charpenter la langue créole pour son utilisation systématique dans le pays. Dans la feuille de route seront ces grandes lignes : Législation, Production littéraire,

Curriculum, Formation d'enseignants, Éducation, Recherches scientifiques, Utilisation systémati-que, Internationalisation.

Pou m konkli, ban m pale nan lang matènèl mwen an pou m di : « Pa gen okenn nesesite, okenn obligasyon, okenn lojik, okenn eksplikasyon syantifik oswa ideyolojik ki kapab eksplike bezwen amenajman lang fransè pou tabli l sou tout teritwa peyi Ayiti, kit se ta pou lang ofisyèl poukont li oswa nan yon efò pou fè pwomosyon yon bilengis imajinè ».

# TÈKS # 6

## POU KREYOLIZASYON SISTÈM EDIKASYON AYITI

(26 Out 2017)

Nan deba kreyòl/fransè nan peyi Ayiti, n ap dakò lang fransè fè pati reyalite istorik sikonstansyèl peyi a, men li pa tradui idantite psikososyal ak sosyolengistik kilti ayisyen nan okenn sans ak sou okenn podyòm. Si se yon deba ideyolojik, ideyoloji sa a pa yon kesyon lengistik sèlman. Koze lang gen branch ki grandi nan plizyè direksyon.

Lang se yon zouti/zam kiltirèl, politik, sosyal, ekonomik, politik, elatriye.

Nanm ayisyen apati idantite reyèl li se kreyòl li ye, lang pèp ayisyen envante nan sitiyasyon ki defini konsyans ekzistansyèl li apati eksperyans istwa lavi li soti sou kontinan afrik pou rive amerik nan entèaksyon ak plizyè gwoup moun/eksplwatè li rankontre sou wout istwa trajik li ki toujou kontinye enfliyanse fason li ap viv jis jounen jodi. Kalifikasyon lang ofisyèl fransè nan peyi Ayiti ba li yon stati ki pa koresponn ak reyalite koze lang nan peyi a ki pa sèlman yon pousan elit ekonomik, entèlektyèl ki byen souvan pa idantifye yo ak kilti reyèl peyi a.

Lè establisman peyi a reyalize fransè pa lang ki ini tout ayisyen, yo enpoze l kòm lang ofisyèl epi yo kontinye kwoke l nan gòj yon sistèm edikasyon degrenngòch pou peyi a ki kontinye ap pwodui medyokrite, apatrid ak modèl pou pèpetye ideyoloji etranje. Lè yo reyalize li pa kapab poukont li lang ofisyèl, nan ane 1987 yo vote l ansanm ak kreyòl pou kontinye kenbe l kòm yon kwòk nan gagann peyi a pou satisfè yon minorite ki gen dwa chwazi lang pou yo pale men ki pa ta gen dwa enpoze l sou yon majorite ki pale yon lòt lang.

Strateji sa yo se strateji ki fondmanantalman yon absidite pou antòtche bon sans moun epi kenbe chenn kolonizasyon lengistik la nan gagann yon peyi pou bay lòt efè ki se objektif final yo. Nan domèn kiltirèl koze lang genyen anpil enpak sou reyalite lavi yon peyi, se pa yon koze lengistik sèlman yon fwa ankò.

Kòm lang ofisyèl, fransè pa janm pran okenn jarèt sou teren lokal peyi Ayiti pou l ta rive emansipe pèp la. Dayè se pa objektif li nan sistèm edikasyon an. Pa gen okenn estatistik ki kapab montre depi 1987 pou rive jounen jodi pousantaj moun ki pale fransè nan peyi a ogmante, ni moun ki pale li yo amelyore patrimwàn sa a. Pa gen rechèch syantifik ki fèt sou evolisyon lang nan peyi a pou montre li koresponn ak reyalite sosyete a nan okenn sans sinon konplèks siperyorite ak koneksyon ak yon peyi moun panse dwe ba nou pwoteksyon, èd ak rekonesans. Se feblès pwodiksyon nan lang kreyòl, absans yon volonte politik reyèl pou sipòte l, ak mank efò pou bay lang nan jarèt ajoute sou reyalite anpil entèlektyèl kreyolis ki sèvi ak lòt lang pou defans kòz lang nan ki vin mete l nan yon sitiyasyon feblès devan fransè ki se yon lang ki genyen plizyè syèk devlopman, ki ba l avantaj pou l toujou kapab rive majinalize l.

Yon lang ofisyèl oswa nasyonal yon peyi pa kapab gen plis pase 80% nan popilasyon peyi a ki pa pale l, ki pa konprann li, ki pa idantifye yo ak kilti li reprezante. Li pa kapab alyene plis pase 95% nan yon popilasyon, epi ridikilize menm moun ki rive nan pi wo nivo nan gouvènman peyi a ki ap eseye pale l.

Ki lang konsyans kolektif ayisyen ? Ki lang imajinasyon, refleksyon ak rèv ayisyen ? Ki lang nanm ayisyen ? Edike yon ayisyen nan lang fransè se yon krim, yon aberasyon, yon mechanste ke anpil nan nou viktim epi ki lage nan nou yon viris mantal ak sikolojik ki ap minen piti piti tout sa ki ta kapab ede n makònen ak reyalite lavi nou nan koneksyon ak kominote nou, fondasyon n kòm yon pèp patikilye ak anviwonnman nou.

Nan peyi Ayiti lang franse pa ta dwe genyen okenn stati sinon yon lang etranje nenpòt moun gen dwa chwazi aprann epi pale depi yo vle, menmjan ak tout lòt lang ke nenpòt moun kapab aprann si li vle.

Leta Ayiti ta dwe gradyèlman defransize sistèm edikasyon peyi a pandan li mete l nan plas nòmal li ta dwe okipe kòm yon lang etranje. Pwomosyon lang kreyòl pa obligatwaman denigreman lang fransè. Se pa ditou la kesyon an ye. Nou pa p janm kapab konbat yon lang. Nou jis kapab travay pou emansipe yon popilasyon ki pale yon lang, nan chache emansipe lang li pale.

Kreyolizasyon sistèm edikasyon peyi Ayiti se yon nesesite nasyonal ki reponn ak reyalite sosyolengistik, sosyosikolojik yon popilasyon ki eksprime lavi li nan yon lang byen spesyal. Prejije kont yon lang, majinalizasyon yon lang, blokaj devlopman yon lang, se toujou estrateji pou mistifye, diskrimine, domine, eksplwate pèp ki pale lang sa a.

Kreyòl ayisyen bezwen jarèt gramatikal, jarèt stilistik, jarèt vokabilè. Li bezwen tou anpil pwodiksyon ki pou tabli baz referans literati ki ekri nan lang nan. Li bezwen entèlektyèl ki di yo se kreyolis yo pou plis ekri nan lang nan olye yo ap ekri nan lòt lang osijè lang nan. Li bezwen volonte politik pou atikile lwa andetay ki reglemante li ansanm ak pwotokòl ki sanksyone validite li nan obligasyon aplikasyon règ estanda li, nan finanse rechèch sou li, nan tradui epi ekri tout dokiman ofisyèl peyi a ak tout lejislasyon l yo nan lang nan, nan anseye l yon fason sistematik nan tout nivo akademik epi bay tout tès ak ekzije pwodiksyon rapò, disètasyon ak tèz akademik fèt nan lang nan. Sistèm siyalizasyon ak kodaj ekri nan tout kominikasyon dwe fèt nan lang nan tou.

Travay pou tabli fondasyon sistematik yon lang pa yon travay fasil sitou lè se nan etap preliminè yo epi sitou lè diskriminasyon yon lang dominan mete pye sou valè ak respè lang nan. Defi a pa fasil pou leve men li kapab leve. Defi ranvèsman sistèm kolonyal ak esklavajis pa t fasil pou leve, men detèminasyon fawouch ak kolaborasyon men kontre ak fòs ini te rive pèmèt li leve.

---⟨⟩◈◈◈◈⟨⟩---

## TÈKS # 7

**MIS SESI, MIS SELA, MIS SELABA : Yon Alyenasyon Pou Ranfòse Kanon Sa Yo Vle Nou Konsidere Bèl**

(31 Janvye 2017)

Nan kontèks patisipasyon Ayiti nan Mis Inivè 2017 (Miss Universe 2017) li enpòtan pou yon ti analiz ak refleksyon fèt sou inisyativ sa yo lè nou gade pasyon, fanatis ak aplodisman avèg yon dividal moun pou popilarize epi glorifye tip konpetisyon sa yo ki genyen yon enpak sibliminal sou jèn fi yo.

Koze mis sesi, mis sela, mis selaba yo, se chobiznis pou tabli yon seri "kanon" k ap mistifye valè reyèl moun nan limanite. Men li pa fasil nan yon ansyen sosyete kolonize ak yon kilti elitis, prejije koulè, ran sosyal elatriye, pou rive konprann mannigans dèyè koze sa a.

Y ap entrene w pou venere modèl ki pa gen resanblans ak idantite w. Y ap fè w mete fa, makiyaj ak degizman ki pa pa w. M ap mande si yon ti negrès tèt grenn, ki pa gen okenn karakteristik ewopeyen pa yon bèl fanm ? Repons la tou la : li pa kapab yon bèl fanm paske yo pa p janm mete l sou podyòm nan klasman dapre kanon ki etabli yo. Oswa pou l yon bèl fanm, fòk se jij estetik tradisyonèl yo ki ba l prim sa a apati politik yo epi pou yo eksplwate l nan maketing, komès ak biznis lajan pi devan. Nou wè sa rive deja chak fwa yo vle kalme revandikatè je klere. Yo konn eli ti negrès deja.

Konpetisyon pou jije bote pa gen okenn aspè imanis. Li pa yon chanpyona kote patisipan ak tout fèple kapab antrene pou genyen. Nan tip konpetisyon sa a : nen vonvon pa ladan l; patat si pa ladan l; cheve grenn pa ladan l, djòl pwès pa ladan l, ak anpil nan moun yo klase epi jije mal akoz karakteristik fizik yo. Lè n jije yon moun lèd tankou koukou, nou denatire tout sa ki nan li fè l se moun. Men sosyete n nan aprann nou fè krim sa yo trè byen ak konsyans nou anpè.

Pi gwo aspè nan konkou sa a se jije bote plastik sou baz sibjektif nan paweze sa yo di ki gen bèl figi ak bèl kò, sa ki jete konplèks sou karakteristik natirèl moun. Aspè entèlektyèl la pa janm priyorite, sinon genyen anpil kokennchenn konpetans entèlektyèl fanm se yo ki ta genyen chak ane. Objektif sibliminal li se ranfòse kanon sa yo di ki bèl ak sa k pa bèl pou klase moun epi mistifye yo nan amoupwòp yo, pou vann pwodui estetik elatriye epi kore lide siperyorite yon gwoup. Nou dwe sonje epi konprann jan lontan tout poupe nou te konn achte pou pitit nou se te poupe blan. Endistri poupe a se modèl blan li te chwazi pou tout moun kèlkeswa jan w te ye ak nan ki etnisite ou soti. Nou pa t janm konprann efè sikolojik sa gen sou timoun ; nou pat janm konnen tou ke menm noumenm tou nou te yon seri alyene nan fon konsyans nou sou kesyon sa ki bèl, sa ki bon, ak sa pou n aplodi. Almanak lakay nou se te toujou bèl foto modèl fanm blan.

Gen anpil estrateji sikolojik oligachi mondyal la itilize pou alyene epi mistifye moun ak gwoup moun nan limanite. Yo te konn di lontan nèg nwè pa t yon moun annantye. Sou tout podyòm se sa ki blan ki te reprezante kòm sa ki bèl. Bondye blan, anj yo blan, prèske tout sen yo blan... satan nwa, move lespri yo nwa. Karakteristik nòmal moun tankou nen plat, cheve grenn, epi gwosè tou, nan sosyete nou yo, nou wè yo kòm lèd e noumenm tou pa santi nou byen nan po nou lè natirèlman se konsa nou fèt, lè se idantite nou. Se konsa nou toujou al chache jwenn konsolasyon nan pwodui yo mete pou amelyore lèdte nou, chiriji estetik, pomad pou eklèsi po, fo cheve, makiyaj eksesif elatriye... tout sa pou nou kapab sanble ak sa yo aksepte kòm bèl. Tout fanm nan fon kè yo ak nan

Iespri yo vin oblije genyen yon rèv, yon obsesyon mis inivè ki ap ante yo e ki fè yo pa kapab santi yo byen fason natirèl yo ye. Tout sa gen gwo konsekans sou fason moun aksepte, renmen epi respekte pwòp tèt yo.

Konkou mis sesi, mis sela, mis selaba yo, se toujou cho biznis klasik ki genyen yon fon diskriminasyon ladan l ki grav. Men, foul aplodisè nayif konfòmis, touye yo rache yo, ap bat bravo paske yo vann li ba yo yon fason pou yo kapab jwenn tout eksplikasyon posib pou achte l. Ou pa p janm jwenn foul sa a nan konkou pri nobèl syans ni nan okenn inisyativ ki remanbre eskanp figi divèsite epi bay tout gwoup etnik, sosyal, ak tout kategori moun sou latè valè natirèl yo.

Bèlte yon jenn ayisyèn tankou pa yon krim nou vle kondane. Okontrè, nou vle ranme l nan baz bèlte jeneral fanm ayisyèn, fanm negrès ...

## TEXTE # 8

## DIASPORA ET ENGAGEMENT EN HAÏTI

(21 Janvier 2016)

Beaucoup pensent que la diaspora Haïtienne représente la chance d'un meilleur futur pour Haïti. Cependant, en faisant une profonde analyse de la structure sociale de cette diaspora, il semble logique de dire qu'elle représente malheureusement une autre Haïti en terres étrangères avec sa population confrontant les mêmes problèmes, les mêmes défis, les mêmes controverses, les mêmes antagonismes, les mêmes déficits, les mêmes dettes, les mêmes complexes et les mêmes limitations.

Souvent c'est là qu'on découvre et reconnait les apatrides, ceux qui vendent leur allégeance au civisme national pour le confort matériel des pays où ils résident au prix de leur dignité, leur identité, leur culture, leur fierté et leur honneur. C'est là où après un sauvetage individuel ou familial, beaucoup ne manifestent aucune gêne dans le rejet de toute affiliation à une cause nationale, et pour ceux qui auraient de façon éloignée un quelconque intérêt au bercail, nombreux sont-ils qui attendent que d'autres s'engagent, se risquent et se battent pour leur préparer une retraite paisible.

Le Talon d'Achilles de cette communauté en qui on semble placer tant d'espoir est le fait que ceux parmi eux qui ont acquis l'instruction à un niveau supérieur et qui sont considérés des têtes pensantes de l'hémorragie de notre intelligentsia, sont devenus des citoyens acculturés intellectuellement et n'ont pour vision de développement pour Haïti que l'agenda des pays dominateurs qui visent encore la vassalisation des peuples. Les systèmes qu'ils ont appris ne s'appliquent pas à leur ancien terroir. Leur expérience ailleurs les a déconnectés à la réalité locale, et leur attitude même par rapport à la culture autochtone est un recul qui traduit une non-identification même quand elle est factice.

En pensant faire du bien, cette diaspora souvent ne contribue qu'au plus grand mal d'Haïti.

Il faut aussi considérer que le gros du clan économique, politique et social qui constitue la gangrène du pays fait aussi partie de cette diaspora. C'est une diaspora à résidences multiples ou touristique.

De nos jours il faut savoir faire une différence entre la diaspora sédentaire et la diaspora à résidences multiples ou touristique. Les premiers sont les immigrants qui ne pouvant pas réussir économiquement dans le pays, et parmi eux un très petit groupe de réfugiés politiques, qui ont choisi de s'expatrier par tous les moyens pour bénéficier des opportunités offertes dans les pays les plus riches de la planète et les plus sécuritaires politiquement.

Dans le second groupe se retrouvent les nantis, pouvant jouir de toutes les opportunités au bercail et ailleurs par de nombreux moyens. Ils se payent le luxe d'un va-et-vient régulier en prenant avantage de chaque situation.

Alors que le premier groupe caresse le rêve, et parfois juste le rêve, d'un retour ; et souvent investissent leur revenu et économies dans le pays natal, l'autre place son argent dans les banques transnationales, exporte les ressources financières du pays dans l'acquisition des biens meubles et immeubles en terres étrangères, le financement des études de leurs enfants, et parfois même en menant une seconde vie dans un environnement où ils peuvent se payer le luxe des loisirs, des services et de tout ce qui est nécessaire pour vivre dans la décence en tant qu'humain. Ils ne se soucient pas trop de doter leur pays des infrastructures pour garantir son développement.

Il faut bien se poser la question pourquoi l'apport de plus de deux billions de dollars américains par année de la diaspora dans l'économie haïtienne n'a jamais pu dynamiser cette économie. Cet apport financier est dépensé dans la consommation des biens exportés, ce qui veut dire qu'elle profite encore à l'étranger. Cet apport est maintenant taxé par l'état sans une base légale et on ne peut pas encore voir le fruit de l'imposition.

L'engagement citoyen qui pourrait apporter un impact effectif dans la réalité haïtienne est loin d'être les transferts d'argent et les tentatives opportunistes de certains intéressés d'intégrer des gouvernements. Beaucoup ont échoué, et ceci les bien-pensants aussi quand ils ont décidé de faire partie des gouvernements sans vision stratégique sinon que la poursuite de la continuité des régimes et systèmes traditionnels.

Il ne peut être non plus l'articulation des critiques dans le confort de l'éloignement de la chaleur du béton politique, des risques de l'insécurité, des privations et des limitations de l'environnement pollué et sévèrement vicié.

Il doit être plutôt une décision de prise en charge de la barque nationale par l'articulation d'un agenda, d'un plan stratégique supporté par les potentiels de cette franche des nationaux haïtiens expatriés parmi qui on peut trouver une couche considérable de connaissances, d'expertise, et de ressources susceptibles d'insuffler un sang neuf à la nation, si elle se décide à fond à s'engager réellement et pratiquement. L'idée peut sonner forte mais elle vaut son poids. Seul le pouvoir peut imposer des changements et une vision nouvelle à une nation.

---

**TEXTE # 9**

**COMMENT FAIT-IL BEAU VIVRE EN HAÏTI ?**

(28 Juillet 2016)

En face des deux plus fameux et coûteux hôtels de la capitale économique et élitiste d'Haïti, Pétion-Ville, où se pavanent millionnaires et milliardaires, politiciens véreux, touristes en quête de satisfaction exotiques, bourgeois du pays, diasporas parvenus, diplomates et partenaires internationaux de la gabegie haïtienne, est l'évidence de la déchéance d'une politique nationale aberrante, obscurantiste, rétrograde et purement honteuse, comme si l'opulence peut cohabiter harmonieusement avec la pauvreté. C'est la dégradation urbaine, la bidonvilisation, l'exode rural, un désastre environnemental et écologique, un risque et danger publics exactement en face et aux alentours des grandiloquents châteaux de richesse.

Cette image à la fois alarmante et révoltante, si elle crève les yeux de certains en faisant couler des larmes de répugnance, elle a été pour d'autres un tableau à dessiner, une merveille à bien peindre pour offrir en spectacle aux clients dans leurs chambres de luxe afin de bien masquer des attitudes ignobles, résultat catastrophique et logique de notre mauvaise gestion du patrimoine national.

D'autre part sur l'axe international Malpasse/Croix des Bouquets/Port-au-Prince, le voisin est reçu par un réseau routier qui donne la peine, non entretenu, ne suivant aucun standard, et des piles d'ordures et d'insalubrités si malodorantes qu'un premier venu n'aurait aucun doute sur la véracité de cette publicité négative faite au détriment du pays à l'étranger. Encore une fois et aussi sur ce plan, à la face du monde nous exposons nos verrues. Nous n'avons aucune gêne en passant par La Saline pour aller, nous et nos touristes, dans les lieux de séjour de l'Ile-à-Vache. Aucune gêne !

C'est la réalité des villes. Le Cap-Haitien et les autres métropoles départementales n'échappent pas à cette lamentable situation. Cependant si les villages d'en-dehors ne sont pas aussi insalubres, ils ont néanmoins leur lot de misère, de disette, de paupérisation, de désertification. Les services publics sont rares. Point de budget local pour la gestion des communautés. La vie est pire que moyenâgeuse.

En général, dans tout le pays les hôpitaux publics ne fonctionnent pas. Entre le choléra, le zika et tant d'autres maladies infectieuses, les gens "*marellent*" dans les boues marécageuses des rues des grandes agglomérations que les moindres pluies transforment en ravines torrentielles charriant les détritus d'un environnement de pollution généralisée. Mais il fait beau vivre car la réalité de la quotidienneté devient une normalité. On s'amuse dans la saleté, l'argent coule à flot et semble-t-il limpidement quoique dans des conduits reconnus obstrués par une crasse dégoûtante. Quand un clan profite du pillage national, l'autre crée encore plus de chaos en attendant son tour, ayant soin de toujours laisser tomber ou utiliser l'argent sale pour manipuler la masse des affairistes mercenaires dans leur misère par l'organisation de festivités pour les embobiner et le financement informel de la précarité de leur existence. Les intempestifs commentaires et analyses politiques dans les médias font la une d'une actualité de magouille institutionnalisée, de crapuleuses manipulations politiques, d'un sensationnalisme parfois mal intentionné dans le reportage des crimes quotidiens, pour le sordide plaisir des auditeurs intéressés aux palabres futiles. Il fait beau vivre car la comédie démagogique et la moquerie de bas niveau sont au rendez-vous dans le convoi funèbre d'un pays qui subit une dégradation graduelle jour après jour.

Il fait beau vivre en Haïti. Ce peuple vit, rit et se réjouit carnavalesquement dans le concert d'un marasme de laideurs puantes. Il élit régulièrement des dirigeants loufoques, des renégats, des incompétents, pour perpétuer cet état antihumain. Il prie le bon dieu pour l'allègement de ses souffrances et l'espoir paradisiaque en se faisant exploiter par des imposteurs vendeurs de bonne nouvelle. Il courtise l'oncle Sam et d'autres ambassades pour un visa salvateur. Il fonctionne dans un brassage quotidien d'une existence aléatoire. Il dépend de la diaspora pour la survie économique du pays. Il n'a plus aucune foi dans le processus du développement national. Son intelligentsia et ses élites s'habituent dans un drôle de confort d'une symbiose anormale entre l'ordure et la splendeur à tous les niveaux, si bien qu'ils en font un culte pour la rendre acceptable. Il vit, il rit, et s'amuse dans son état piteux. Et le temps passe à reculons, dans un climat politique corrompu à l'extrême sans nul espoir d'un répit à l'horizon, dans une économie anémiée, dans une société aux abois.

Comment fait-il beau vivre en Haïti ? On doit y être pour s'en rendre compte. Le temps passe, la situation jamais ne s'améliore par manque d'intégrité, de compétence, de bravoure et de patriotisme. Le temps passe, la situation ne saurait s'améliorer parce que nos hommes ne sont pas à la hauteur mais dans l'abîme de la bassesse, du crétinisme, de la corruption et de la malpropreté. Mais il fait beau vivre dans cette galère car là où il y a la misère, les plantes de la richesse de beaucoup fleurissent.

Comment fait-il beau vivre en Haïti ? Il y a une masse qui pense qu'il faut à tout prix sortir de cette galère fuyant toutes les pestes de son environnement maculé par des hommes.

**TEXTE # 10**

## LE DILEMME DES ÉLECTIONS DANS LES SOCIÉTÉS TARÉES

(3 Mai 2016)

Quand un peuple choisit ses élus à partir d'un menu de candidats corrompus, incompétents et sans intégrité, que les élections soient libres, honnêtes et démocratiques, les résultats seront toujours catastrophiques. Le paysage politique médiocre et pitoyable. Rien n'est pire que la légitimation des escrocs, et des insuffisants au timon de la gestion publique d'un pays.

Quand l'électorat est une horde corruptible, achetable et sans conscience patriotique, sous le poids de l'aliénation matérielle, mentale et psychologique, leurs choix ne pourront jamais être judicieux. Les peuples élisent ceux qui leur ressemblent et ceux qui peuvent payer pour les acheter.

Quand les élites intellectuelles, les directeurs d'opinion et les directeurs de conscience dans une société, sont des vendus à la solde de la mafia politique et économique, l'émancipation, la conscientisation et la formation d'un peuple demeurera toujours une utopie.

Quand un secteur étranger investit dans le choix des dirigeants d'une nation, leur agenda aura la priorité, les résultats seront leur prérogative.

Quand l'environnement socio-économique et politique d'un pays est un marasme d'infrastructures délabrées, la tenue d'élections crédibles ne peut être qu'un leurre.

Les options deviennent ainsi des dilemmes dramatiques. La situation atteint un point si tragique, que le retour semble hypothétique. À ce carrefour d'alarme et de péril social, seuls des héros, des spartiates et des preux peuvent faire renaître un espoir d'affranchissement.

Depuis la chute de la dictature des Duvalier qui a motivé un espoir de rédemption pour Haïti avec l'espoir de la naissance d'une démocratie, les élections pour renouveler le personnel politique ont toujours donné les fiascos que nous connaissons. Du plébiscite des populistes de camps opposés, aux sélections honteuses de parias politiques, marionnettes et profiteurs du marasme, au prises de pouvoir par la force, le processus de choix de nos dirigeants a toujours prouvé être un merdier de gabegies électorales.

On ne peut pas instituer une démocratie sans des bases institutionnelles démocratiques. Dans les sociétés tarées comme Haïti, aliénée, mystifiée, marginalisée, zombifiée, acculée par une communauté internationale depuis la nuit des temps, il n'est pas surprenant que les processus qui pourraient établir une légitime direction et orientation de la nation soient torpillés, saboter et escamoter à des fins de déstabilisation, de domination, de contrôle, de domestication, et d'asservissement. C'est comme dans le dilemme de la poule et de l'œuf. Déterminer qui vient avant n'est pas chose facile.

Peut-on instituer une démocratie sans des bases institutionnelles démocratiques ? Peut-on réaliser des élections libres, honnêtes et démocratiques comme on le crie sur tous les toits sans des structures institutionnelles démocratiques ? Qu'est-ce qui donc vient le premier ?

Il est plus facile de maintenir le statu quo, de suivre le chemin de la continuité stagnante, que de révolutionner des systèmes corrompus. Et c'est ce qui est au menu de tous les agendas de nos aspirants dirigeant et leurs groupes, clans et partis politiques. Et quand ce ne sont pas des vendus, des marionnettes parachutées par la classe dominante oligarchique qui sont imposés au pouvoir à partir des élections/sélections, ce seront toujours dans les partis politiques que seront recrutés les manipulés pour l'exécution d'un mandat au service des intérêts qui ne vont pas dans le même sens de ceux qui favorisent le bien-être national. Et ces partis ont les leaders qui leurs ressemblent : partis non structurés, partis d'opportunistes à la recherche d'un sauvetage économique, partis sans vision, sans plan, sans leadership réel, partis fictif, partis pour alimenter la division, particules de membres vivant dans le parti pris pour la cause de certains particuliers. Les partis ont toujours les leaders qui leurs ressemblent et quand sur le bulletin de vote ne sont que les images de ces particuliers, nous partons déjà pour la débâcle car les partis ont les leaders qui leurs ressemblent et ils nous les présentent comme candidats pour la gestion de notre patrimoine.

## LES PARTIS ONT LES LEADERS QUI LEURS RESSEMBLENT

Les partis ont les leaders qui leurs ressemblent
Les tarés ont les meneurs qui leurs rassemblent
Il en va ainsi dans toutes les sociétés
On ne saurait se débarrasser des futés

L'esbroufeur aura toujours ses fanatiques
Qu'il soit dingue on vantera sa politique
Dans l'histoire les tyrans ont eu leurs partisans
Les plus odieux rois avaient plein de courtisans

Le flatteur ne connaît point de hauteur
Le larbin glorifiera son oppresseur
Le naïf cautionnera son malheur
Le sinistre sera la groupie du trompeur
Qu'il patauge dans la boue et la laideur
Quand un clan s'identifie avec son leader
Il approuvera sans réserve ses dérives
De ses inepties surtout qu'on ne le prive

Les partis ont les leaders qui leurs ressemblent
Les tarés ont les meneurs qui leurs rassemblent
Au milieu sont ceux voulant vivre dans l'équilibre
Les humanistes qui gardent leur esprit libre

---

## TEXTE # 11

## L'ÉDUCATION À LA CITOYENNETÉ : Une Nouvelle Matière Annoncée Pour Le Cursus De L'Enseignement En Haïti

### (18 Septembre 2015)

Je me souviens quand j'étais élève au Petit Séminaire Collège St Martial à la fin des années soixante-dix sous l'égide du gouvernement de Jean Claude Duvalier, on nous faisait étudier en classe de sixième secondaire le livre du dictateur

Dr. François Duvalier, « Bréviaire d'une Révolution », comme manuel de référence pour un cours de civisme. C'était l'un des signes de l'emprise de la dictature sur la psyché de l'homme haïtien, et personne ne pouvait critiquer ou pire s'opposer contre cet endoctrinement à l'obscurantisme dictatorial *papadocratien*. L'absence d'écoles dans les sections rurales du pays d'en-dehors, l'éducation médiocre dans les centres urbains des provinces et la mauvaise éducation reçue dans les écoles de l'élite port-au-princienne représentait la plateforme déficiente qui formait l'intelligentsia haïtienne. Ce cours de civisme rétrograde a agrémenté le cursus de beaucoup des actuels protagonistes de notre élite intellectuelle.

La délinquance de la société haïtienne n'a pas été surtout causée par cette propagande intoxicante de la jeunesse estudiantine. Ne sont pas nombreux ceux qui avaient le privilège de l'éducation au niveau secondaire. Passer une idéologie à partir de l'éducation en classe secondaire n'était que l'assurance de l'infection de la mineure classe intellectuelle. La suppression de la liberté d'expression, le bâillonnement de la liberté de la presse, la corruption, la persécution politique généralisée et la dégradation économique et sociale de la majorité de la population au profit d'une minorité accaparante fut les plus grands catalyseurs de l'affaissement du tissu social.

Cependant les idéologues savent bien que la portée de l'imprégnation d'une doctrine dans l'âme nationale ne peut pas passer de façon efficace si ce n'est par le biais de l'éducation. Ainsi l'infusion dans le curriculum scolaire des préceptes de motivation au patriotisme, au nationalisme et à l'esprit de sacrifice pour le pays semble être une nécessité pour la garantie de la formation d'une génération empreinte de vertus citoyennes exemplaires. Avec le temps et la chute du régime dictatorial, ce cours a disparu pour n'être remplacé à ma connaissance par aucun enseignement approprié.

Comme activiste intellectuel et militant pour le nationalisme, le patriotisme et l'engagement citoyen à la cause de l'émancipation de la patrie haïtienne, l'annonce pendant une conférence de presse à la fin du mois d'aout 2015 par le ministre de l'Education Nationale de notre pays de l'introduction d'une nouvelle matière dans le curriculum de l'enseignement en Haïti dont le nom est « Éducation À La Citoyenneté » ne saurait me laisser indifférent et ne pas me porter à pousser des cris d'applaudissement, de support et d'encouragement: « BRAVO ! IL ÉTAIT TEMPS ! IL ÉTAIT GRAND TEMPS ! »

L'exemple de notre jeunesse actuelle : découragée, désabusée, désorientée, sans identification et sans aucun modèle, condamnée à la prostitution de toutes sortes, à la mendicité, au désespoir, à l'aventure et au marchandage de leur avenir, doit nous servir de sonnette d'alarme pour repenser un nouveau citoyen haïtien. Les vertus citoyennes devraient s'acquérir dès le bas-âge. L'éducation d'une génération à la probité patriotique passe par des notions qui forment sa vision de son monde du *macro* au *micro* pour arriver à l'échelle de sa communauté comme une petite écologie qui assure sa survie, qu'elle se doit de protéger et d'ensemencer.

La crise sociale haïtienne est une crise de déficit de citoyens honnêtes, intègres, nationalistes, visionnaires, qui ont une connexion positive avec leur communauté et qui décident de s'engager pour la cause nationale. Entre l'ignorance, la pauvreté, la nécessité, la marginalisation et l'avidité, beaucoup de nos compatriotes agissent en opportunistes n'ayant aucun sentiment d'appartenance à une communauté. Ceux qui pourraient et qui devraient être nos champions vivent dans la recollection et le mutisme de la majorité silencieuse. Citoyens indifférents, ils ne se prononcent jamais sur aucune des tragédies socio-politiques qui affectent la barque nationale. Certains, par un sauvetage individuel, abandonnent même le terroir natal pour la quiétude et l'anonymat dans les sociétés étrangères. Souvent ils s'y intègrent pour oublier du tout au tout l'origine de leur identité. Le peu qui s'engage, est tiraillé entre les antagonismes d'un peuple qui n'arrive pas à se définir un plan et un objectif d'avenir. Le civisme, le sentiment patriotique, l'appartenance nationale, la connexion à la communauté, les vertus du vivre ensemble ont disparus dans le gouffre de la débâcle du pays et les citoyens deviennent des transfuges.

Par l'endoctrinement d'un civisme scientifique dès le niveau élémentaire pour motiver l'allégeance de l'élève à son bastion, son identification à sa tribu et son environnement, la nécessité de participation et de contribution positive à la gestion de la chose publique, le système éducatif parviendra à former des citoyens qui travailleront pour le bien-être de leur terroir.

En plus d'une éducation à la citoyenneté, le curriculum éducatif devrait refléter la réalité de l'élève dans toutes les matières par un diagnostic des conditions qui affectent son environnement et des exercices pour le développement de pistes de solutions originales de la part des concernés pendant qu'ils apprennent des expériences qui ont réussi dans d'autres pays.

Qui sont ses vrais héros ? Qui doivent constituer ses grands modèles ? Quels sont les circonstances qui affectent sa réalité actuelle et ont affecté l'histoire de son pays ? Quels sont les enjeux de la politique internationale actuelle qui ont un impact sur son pays ? Quelle est la valeur de l'identité nationale dans le contexte international ? Quels sont les caractéristiques d'un bon citoyen, d'un bon leader ? Quels sont les agendas oligarchiques qui entravent l'émanci-pation de son pays ? Qu'est-ce qui fait la grandeur d'une nation ? Quels sont les droits et devoirs d'un citoyen conséquent ? Quel est le fondement de la vie en société ? Quels sont les actuels problèmes de son pays, de sa communauté ? Autant de questions qui méritent l'attention pour l'engagement social et une lecture intelligente, pragmatique et compétente de la situation dans laquelle le futur agent social aura à évoluer.

Sans l'accompagnement d'un réveil de la conscience nationale catalysée par un leadership visionnaire, révolutionnaire et inclusif, qui saura galvaniser les principaux groupes d'intérêts de la nation vers un accord pour l'adoption d'un contrat social qui accouchera un plan stratégique de développement intégré supporté par tous, toutes les velléités de motivation patriotique seront vaines. Pour la formation de citoyens compétents, nationalistes et intègres, l'éducation doit trouver ses fondations effectives dans la culture, l'identité nationale, l'originalité du terroir.

Au carrefour actuel de notre drame national, après les multiples évènements tragiques qui ont marqué notre histoire et notre vie contemporaine, le tableau est déprimant. Quid de l'émergence d'un leadership visionnaire ? C'est à quand la prochaine révolution ou doit-on négocier notre émancipation ?

Si le renouveau haïtien doit passer par l'enseignement à la citoyenneté, dans quelles conditions ? Qui seront les professeurs ? Qui seront les modèles qui alimenteront par une essence de détermination et de résolution la mèche du flambeau de cette grande renaissance ?

Autant de questions ! À nous de trouver les réponses adéquates.

---

## TEXTE # 12

## LE CARNAVAL : Une Réalité Factuelle De Notre Vie De Peuple

(18 Février 2015)

Le carnaval est la factualité authentique qui traduit la réalité existentielle du peuple haïtien. Élites économiques et intellectuelles, peuple démuni et analphabète, élites gouvernantes et masse de gouvernés, nous portons tous des masques pour farder les infamies sur nos faces. Les plus épais nous empêchent de voir les sombres plaies de notre environnement. Et quand dans un miroir nous nous regardons pour juger notre situation, ce que nous acceptons à contempler n'est pas notre visage. Ainsi nous nous acquittons de nos responsabilités, et nous dansons et nous chantons, débrayés, dévergondés, sans mesure et sans retenue, acclamant toutes les absurdités, toutes les médiocrités, toutes les grivoiseries de nos consciences maculées d'inconscience.

À l'époque de ces festivités, l'opium de nos misères, la drogue de nos détresses, nous exhibons notre criant état d'ébriété dans la débauche et l'extrême insouciance, une frénésie incomprise par des observateurs non-avertis. Authentique reflet de la gestion de notre petite nation qui patauge dans la dépendance, l'instabilité, la misère, la corruption, la saleté et la gabegie, pendant qu'un groupe se complait dans la grandiloquence, l'opulence et le galvaudage. Et nous nous en foutons pas mal de l'intégrité, des normes, des conventions, des lois, des principes, des protocoles, des règles et des mesures de sécurité, sinon que nous les appliquons comme maquillages et déguisements dans le défilé de notre festival quotidien pour le fonctionnement de notre société.

Nous sommes tous des artistes inconvenants, des clowns de l'autodérision et des acteurs véreux d'un théâtre indécent. Le classique sur notre canevas se mélange au grotesque et au baroque pour former un tableau affreux de galimatias et de dérèglements sur le fond d'une culture riche d'images contrastantes que nous n'arrivons pas à valoriser. Les intrigues sont monnaie courante et les coups de théâtre arrivent chaque jour sans nous étonner. Dans nos scénarios, la tragédie s'enchevêtre avec la comédie pour former un drame aberrant.

Notre vie de peuple est comme le carnaval, un grand festival dont nous nous faisons un régal et où la catastrophe, le désastre, le drame, les fléaux, le malheur, les tragédies nous côtoient chaque jour et peuvent frapper à tout moment. Mais toujours et encore, nous dansons et nous chantons. Résilients dans notre incommodité, nous nous éreintons et nous amusons, nous rions et nous prions et plus tard nous pleurons nos douleurs. Cependant, jamais nous ne nous appliquons dans une décision déterminée à nous émanciper de nos limitations, de nos inhibitions, de l'esclavage de notre mentalité et des chaines de notre servitude psychologique, intellectuelle et matérielle. Ainsi notre vie de peuple et de nation continue vulnérable aux aléas d'un destin incertain.

Il faut un leadership honnête et visionnaire pour orienter le carnaval de notre situation nationale vers l'ambiance de l'harmonie d'une entente patriotique et d'une prise de conscience collective qui jouera la musique de l'épanouissement et du développement intégré dans le respect de la pratique des normes de gouvernance équitable, dans la sécurité, dans le rejet de la médiocrité et de la corruption, pour établir un standard de fonctionnement qui fera honneur à la dignité de l'homme haïtien.

Il faut un leadership honnête et visionnaire pour faire danser la population au rythme de l'état de droit et la symphonie du respect des droits de chaque individu.

---

**TEXTE # 13**

**DIALOGUE NATIONAL/CONFÉRENCE NATIONALE OU RÉORIENTATION DU DESTIN DU PAYS ?**

(29 Janvier 2014)

Dans la conjoncture actuelle d'Haïti, il y a une grande différence entre les concepts de dialogue national et l'idée d'une conférence nationale. Le premier est un palliatif pour dénouer temporairement le nœud gordien dans lequel les trois pouvoirs se trouvent entortillés. Le second est un appel à la concertation de tous les secteurs représentant les forces vives de la nation, équitablement représentées, pour aboutir à une réorientation de notre destin de pays, de nation et de peuple.

Le dialogue national, comme mis en œuvre actuellement par les ténors de la scène politique haïtienne, pour faire œuvre qui vaille, ne peut que jeter les ponts qui faciliteraient plus tard l'idée d'une conférence nationale qui ne saurait être une réunion improvisée, à la va-vite, pour tempérer les accrocs d'une circonstance conjoncturelle troublante en satisfaisant les intérêts sectaires de groupes politique en présence.

Pour la réussite d'une conférence nationale qui aboutirait à la réorientation du destin de notre pays, Il faudrait d'abord :

- un leadership inspirant confiance, honnête, visionnaire et nationaliste,

- la participation sans réserve de tous les secteurs,
- une volonté de renouveau dans la conscience nationale,
- un diagnostic exhaustif de nos plus grands défis,
- notre capacité de guérir ou de remédier à nos propres maux.

**La conférence nationale devra produire :**

- un accord pour la mise en place d'une Commission Justice Et Vérité impartiale qui aura pour tâche de faire la lumière sur les actes d'injustice contre les droits et les propriétés des gens et de mauvaise gestion politique pendant les soixante dernières années dans le pays sur la base d'un mea culpa collectif et trouver une entente de pardon et de réparation entre les victimes et les coupables sur la base d'une résolution de réconciliation nationale pour le progrès et l'avancement du pays dans l'union,

- une nouvelle déclaration de notre volonté d'indépendance et de gestion autonome et souveraine de notre patrimoine nationale selon les principes de liberté, égalité, fraternité, et les lois démocratiques de respect des droits civils, politiques et économiques de tous les citoyens,
- un nouveau pacte de gouvernance,
- un consensus de recommandations pour les solutions et les approches et stratégies de résolution de nos grands défis nationaux,
- un amendement constitutionnel comme un nouveau contrat social,
- un Plan Stratégique De Développement National Intégré Concerté,
- un serment d'allégeance aux résolutions adoptées et au respect de leur implémentation quel que soit le gouvernement,
- l'engagement à un renforcement institutionnel et la mise en place de garde-fous pour le contrôle et le suivi de l'implémentation des résolutions,

- une déclaration solennelle à la communauté internationale de nos résolutions et notre engagement à les respecter.

Et tous ces grands points méritent amples élaborations, préparations et perfectionnement.

En dehors de ces prérequis et de l'engagement à produire ces résultats, toutes les velléités de dialogue, de discussion et de tête-à-tête entreprises, se révèleront dans un proche avenir ce qu'elles sont réellement : des stratégies politiques intrigantes pour ne pas adresser le vrai problème en passant par la voie qui garantira la consolidation d'une entente nationale définitive.

## TÈKS # 14

## SANTE KILTIRÈL NAN BYENNÈT, KWASANS, AK DEVLOPMAN YON KOMINOTE

(13 Oktòb 2013)

Valorizasyon kilti lokal kòm boustè ekonomik yon peyi ki soufri maldyòk pwodiksyon.

Apre echèk sektè ekonomik tradisyonèl peyi Ayiti ki se agrilkilti, ak enkapasite leta pou te rive devlope yon sektè endistri ak yon sektè sèvis pou sipòte pwodiksyon byen ak richès nan peyi a,

AYTTI : KONJONKTI PÈMANAN

aktivite komès enpò/ekspò ak eksplwatasyon sektè politik vin depafini yon ti peyi ki te deja ap soufri mepri ak eksplwatasyon kominote entènasyonal la depi lontan nan listwa. Koripsyon ak magouy politik, pratik ki kraze rapyetè dènye espwa pou revitalize pwodiksyon lokal la, vin fè peyi Ayiti tounen yon peyi prèske sanpousan depandan ekonomikman ak politikman. Anpil dirijan maryonèt nan peyi a tou, toujou dakò pou pratike mezi ajans entènasyonal yo ki la pou foure n pi fon nan labirent kolonizasyon modèn nan.

Byennèt, kwasans ak devlopman yon kominote pa depann sèlman de sante ekonomik ak politik li. Sante kiltirèl se yon faktè kle ki kapab jwe yon wòl enpòtan nan akonplisman twa eta sa yo.

Sante politik yon kominote, yon peyi, se stabilite politik ; se fonksyonnman yon sistèm ki garanti dwa tout moun epi ki tabli yon gouvènman k ap travay nan enterè popilasyon an. Se sistèm kote tout moun kapab patisipe lib e libè nan direksyon afè ki gade kominite yo, nan kad lalwa ak estrikti enstitisyonèl ki ap mache kòmsadwa. Se

...112...

reprezantasyon tout estrikti politik leta nan tout peyi a. Sante politik ta dwe egziste nan nivo nasyonal, rejyonal ak lokal. Devlopman kolektivite teritoryal yo, tankou jan konstitisyon Ayiti a mande sa, se youn nan lwa ki tabli objektif pou garanti sante politik depatman nou yo ansanm ak komin ak seksyon kominal yo.

Nan yon lòt domèn, sante ekonomik se kapasite pou pwodui byen ak sèvis ki garanti otonomi ekonomik yon peyi oswa yon kominote. Yon peyi ki ansante ekonomikman gen resous pou l fè echanj ak lòt peyi nan avantaj toulède san youn pa eksplwate ni toupizi lòt.

Men anplis sante politik ak ekonomik, yon kominote dwe ansante tou kiltirèlman. Yon kominote ansante kiltirèlman lè genyen yon plan estratejik nasyonal ki defini inisyativ ak aktivite pou kore idantite kiltirèl li epi prezante sa ki inik, orijinal, espesyal ki soti nan tradisyon istorik ak sosyal li, nan lejann li, nan imajinasyon l, nan vizyon l sou lavi.

Sante kiltirèl anpeche kontaminasyon, kontajyon ak enfeksyon pwodui etranje tout kalite pou dominasyon apati akiltirasyon, pandan li kenbe yon diplomasi echanj ak entèaksyon pou youn bay lòt valè nan mozayik plizyè koulè, plizyè lodè, plizyè gou, plizyè son, ki reprezante divèsite sou tè a.

Sante kiltirèl pwoteje fyète nasyonal, fyète lokal, ansanm ak apatenans. Li pèmèt sitwayen jwenn yon labanyè byen kanpe pou leve nan konsè entènasyonal la.

Reyalizasyon sante kiltirèl yon kominote, kòm nou te di avan, se nan pwomosyon sa ki idantifye l, envestisman, piblikasyon, divilgasyon, komèsyalizasyon patrimwàn ak pwodui lokal pou vin sèvi antanke zouti maketing ekonomik.

Pwodui kiltirèl se lang, se literati, se mizik, se atizay, se patrimwàn kiltirèl, se patrimwàn istorik, se espas fizik, espas jewografik (plaj, pak nasyonal, moninan istorik, elatriye …) se tradisyon, se selebrasyon, se espès animal andemik, espès vejetal andemik, elatriye...

Sante kiltirèl pase pa yon plan maketing pou prezante, vilgarize, epi vann pwodiksyon lokal ki ba nou yon avantaj konparatif nan konpetisyon ak lòt kote. Sa vle di pwodiksyon sa ke moun kapab jwenn nan peyi n sèlman oswa sa nou deside chwazi espesyalize nan yo. Se nan sans sa a sante kiltirèl se yon faktè ki kore sante ekonomik. Genyen yon sektè nan ekonomi yon peyi ki depann a sanpousan de sante kiltirèl li. Se sektè touris la. Genyen peyi ekonomi yo depann esklizivman de sektè touris sa a.

Peyi Ayiti ki soufri yon maldyòk ekonomik, genyen anpil enterè nan envesti pou amelyore sante kiltirèl li ki kapab ba li yon gwo boustè materyèl tou. Sanble tou se sèl espwa otonomi ekonomik nou ak opòtinite pou galvanize envestisman sitwayen lokal.

Envestisè kapital etranje depi plizyè ane nan peyi Ayiti chwazi yon fason byen presize nan ki domèn pou depanse lajan yo. Se pa toujou domèn ki ap fè pwomosyon pwodiksyon lokal ni ekonomi nasyonal la. Peyi Ayiti rive nan yon kafou jounen jodi kote li pèdi batay ekonomik la pou otonomi l. Sèl chans ki sanble ki rete l se sektè kiltirèl la.

Pwodui lokal jwenn enterè sou mache mondyal la lè etranje genyen yon opinyon pozitif de peyi kote yo soti a. Move kout lang nan laprès, enstabilite politik, trayizon natifnatal nan denigreman sa ki ta dwe pa yo, alimante opinyon negatif sou yon peyi. Sa se lenmi sante kiltirèl li, san konte mank enfrastrikti ak estrikti pou atire epi rann etranje konfòtab pou vizite ak envesti.

Sante kiltirèl yon peyi jwenn bwa dèyè bannann li lè genyen :
- Viziblite peyi a sou podyòm rejyonal
- Viziblite peyi a sou podyòm entènasyonal
- Plan maketing nasyonal
- Plan maketing rejyonal
- Plan maketing lokal
- Valorizasyon patrimwàn nasyonal
- Valorizasyon pwodui nasyonal

- Ankourajman kreyativite atizan
- Finansman kreyativite atizan
- Vilgarizasyon kreyativite atizan
- Devlopman ak pwomosyon talan nasyonal
- Ankourajman pwodiksyon kiltirèl
- Vilgarizasyon pwodiksyon kiltirèl
- Pwodiksyon literè sou folklò nou
- Pwodiksyon literè sou tradisyon nou
- Pwodiksyon literè sou istwa nou
- Kontwòl kalite pwodui lokal
- Pwoteksyon pwodui lokal

Chwa valorizasyon kilti lokal se yon chwa nasyonalis. Se yon opsyon ki mete kanpe lwen envazyon ki pa nesesè nan ekonomi n, menm lè nivo depandans nou te kapab byen wo.

**Wòl ajan ekonomik yo nan sante kiltirèl Ayiti**
Chak enstitisyon, chak ayisyen anpatikilye ta dwe konsyantize pou mete men alapat pou ede ansanm ansanm amelyore sante kiltirèl peyi a, yon fason pou amelyore tou sante ekonomik ak politik li pou byennèt tout ayisyen. Yon peyi ki kiltirèlman ansante genyen yon imaj agreyab ke

tout etranje, tout vizitè renmen admire. Sa atire tou anpil resous finansyè pou ekonomi peyi a.

**Estrateji Desantralizasyon**

Okenn plan devlopman pa p kapab bay rezilta satisfezan depi genyen santralizasyon. Plan pou sante kiltirèl peyi a dwe konsantre sou yon inisyativ global ki branche baz fòs li nan nivo chak kolektivite teritoryal nan peyi a. Envantè resous ak potansyèl kiltirèl peyi a dwe se priyorite gouvènman lokal yo ki byen konstitiye. Se la a nou wè koneksyon sante kiltirèl la ak sante politik kidonk nesesite yon lidèchip ak vizyon depi nan nivo lokal.

## TEXTE # 15

## HAÏTI-TOURISME : De La Publicité Aux Efforts D'Attraction

(14 Septembre 2012)

En empruntant l'une des plus grandes artères de la ville de Miami, en Floride, on peut remarquer un géant billboard qui se lit : « *HAITI : LIVE THE EXPERIENCE, Seize the Opportunities* » (HAITI : Vivre l'Expérience — Saisir l'Opportunité). Une grande pancarte curieusement remarquable, visant à mettre Haïti sur le podium de la publicité afin, théoriquement, d'attirer des visiteurs touristiques dans le pays. Il faut dire que la précision de 'visiteurs touristiques' est de mise. En effet beaucoup d'observateurs étonnés peuvent remarquer qu'après le séisme dévastateur du douze janvier 2010, les avions à destination d'Haïti semblent transporter beaucoup plus d'étrangers que d'Haïtiens. Jamais le pays n'avait fait l'objet de tant d'attention de la presse : presse de pitié et de sympathie dans une circonstance spéciale où les yeux de l'humanité étaient braqués sur la presqu'île et il fallait porter secours par magnanimité ou par opportunité. Ainsi jusqu'à nos jours, une horde de visiteurs font un va et vient entre les pays donneurs d'aide et le sol haïtien.

À première vue, l'initiative du panneau publicitaire mérite d'être applaudie. Nombreux sont ceux qui critiquaient le fait qu'il n'y avait aucun effort même ponctuel de promotion d'Haïti à l'extérieur alors que nos voisins de la Caraïbe continuaient à chanter haut et fort les beautés et merveilles de leurs pays pour attirer les visiteurs. Timide initiative quand même mais dont les initiateurs semblent reconnaître l'importance. La Jamaïque, Porto Rico, et d'autres pays des Petites Antilles, sont mentionnés dans plusieurs revues touristiques, dans des sites internet, parmi les grandes destinations. Les annonces dans les télévisions ne manquent pas non plus. Il était donc grand temps qu'Haïti sorte de son silence et fasse voir sa carte d'invitation dans ces circuits de propagande pittoresques. Cependant sommes-nous réellement prêts à accueillir ?

Alors que les rentrées de l'industrie touristique peuvent représenter un pourcentage très considérable dans le Produit National Brut (PNB) de certains pays : 64% en Sainte Lucie, 74% à Antigua et Barbuda, 91% aux Îles Turks et Caïcos, en Haïti ce secteur semble mort. Entre 1990 et 2000 les recettes touristiques sont passées à Cuba de 243 millions à 1.756 millions $US et en République dominicaine de 900 à 2.918 millions au cours de la même période. Malheureusement, les visiteurs qui actuellement vont en Haïti sont des philanthropes, des employés d'organisations non-gouvernementales étrangères (ONG), des membres de missions internationales, le personnel de la Mission des Nations Unies pour la Stabilisation d'Haïti (MINUSTAH) et leurs familles, tous motivés par des intérêts qui découlent de l'incapacité à l'autodétermination et de la catastrophe du malheur du douze janvier 2010.

La promotion touristique, contrairement à ceux qui s'acharnent à critiquer les gouvernements, n'est pas nécessairement le travail de l'état uniquement. Même quand il a un intérêt économique important dans le tourisme, cette industrie n'est pas exclusivement une industrie d'état. Le secteur privé est le principal moteur qui la fait marcher.

« *Haiti is open for business !* » (Haïti est ouvert pour les affaires!). Ce slogan de l'équipe gouvernementale Martelly/Lamothe semble s'extrapoler pour crier aussi qu'Haïti est ouvert pour le tourisme. En fait, l'initiative du billboard de Miami vient le confirmer.

Les atouts d'une promotion du tourisme en Haïti sont nombreux :
1) une rentrée de devises importante pour l'économie,
2) une nouvelle image du pays à l'extérieur,
3) un échange culturel positif,
4) la motivation de la production locale, surtout artisanale,
5) un potentiel d'attraction d'investissements,
6) l'intégration dans la globalisation du monde, etc...

Toutefois, il est nécessaire de se rappeler que pour attirer il faut un avoir appât alléchant. Dans le domaine touristique, l'environnement naturel, les sites de visites, l'exotisme, le folklore, la culture, les références historiques, les activités récréatives, un environnement accueillant, ajoutés aux accommodations : *resorts*, hôtels dans un cadre sécurisant, salubre et commode, sont les attraits que les touristes recherchent. D'autres cependant sont à l'affût d'expériences insolites à couper le souffle, toutefois la sécurité publique reste et demeure crucial.

Haïti pourrait avoir un avantage comparatif dans le domaine du tourisme dans la compétition pour les dollars dans ce secteur face aux pays de la Caraïbe. La riche histoire du pays, sa culture, son folklore, ses lieux de visite pourraient être des atouts majeurs. En effet les potentiels sont là, mais les structures et infrastructures sont absentes et pour le moins, celles qui existent sont grandement inadéquates. Le tourisme a une capacité de valorisation de plusieurs des communes du pays où il y a une carence des autres activités économiques mais où existent des sites et paysages naturels qui peuvent être de fameuses zones d'attraction. Les investissements du secteur privé dans ce domaine sont indispensables pour son épanouissement et sa rentabilité et aussi pour créer un effet économique multiplicateur qui bénéficiera même aux couches de base de la population.

En plus de la promotion d'Haïti à l'extérieur, qui devrait se faire d'une façon plus agressive, il faut reconnaitre l'importance de la communication multimédia et des nouvelles technologies de l'information dans la mise en valeur des potentialités touristiques et dans la promotion des atouts d'un pays donné. Le ministère du tourisme doit disposer d'outils modernes pour promouvoir le secteur en créant, entre autres, des sites internet dans plusieurs langues. Il faut une réhabilitation des sites touristiques, la mise en place d'un minimum d'infrastructure et de structure, et l'établissement d'un itinéraire touristique spécial à défaut d'un miracle qui redonnerait au pays la face admirable de la Perle des Antilles d'antan.

Néanmoins dans un petit pays pauvre où les investissements économiques restent limités à cause d'un déficit d'investisseurs, d'un manque de structures et d'infrastructures, d'une carence de cadre légal de protection de l'investissement, il revient malheureusement à l'état, qui ne dispose d'ailleurs pas d'un grand budget, de mettre en place les fondations qui pourraient dynamiser le secteur touristique. Le tourisme étant une industrie importante de l'économie d'un pays, l'état devrait fournir ces infrastructures et ces services, intégrer le tourisme dans la politique nationale d'une façon plus dynamique, créer la connexion avec les autres secteurs de l'économie, élaborer un cadre légal pour sa protection et sa réglementation, et implémenter la formation d'un cadre administratif adéquat. La ministre du tourisme du gouvernement de Martelly/Lamothe, Stéphanie Balmir Villedrouin, dans son discours d'investiture, a reconnu que : « ... Le Ministère du tourisme dans sa mission, a la responsabilité de développer et de planifier le secteur selon les trois points suivants : la promotion, la formation et la réglementation. » Cette mission, limitée évidemment dans le cadre de la dynamisation de ce secteur, montre l'importance d'actions concertées de tous les autres ministères et agences de l'état pour assurer que le territoire haïtien satisfait les exigences standards qui s'imposent dans l'industrie touristique.

Haïti doit ouvrir ses portes aux touristes. Cependant de la publicité il faut passer aux efforts d'attraction. Il faut promouvoir à la fois le tourisme international et le tourisme local. La diaspora haïtienne, la plupart d'entre eux étrangers dans leur pays, sont aussi bien des touristes potentiels. Aussi, peu de Port-au-Princiens, ou des habitants des villes principales du pays, connaissent la Citadelle, le Bassin Zim, le monument de Vertières, les grottes d'Haïti, qui demeurent uniquement des dessins dans les ouvrages de géographie nationale. Les gens du Sud ne savent rien de ce qui existe dans le Nord et les autres départements et vice versa. Les élèves et étudiants privilégiés savent beaucoup plus des capitales étrangères que de leur propre pays. Il faut donc promouvoir le tourisme rural et le tourisme urbain au sein même du pays.

Haïti doit ouvrir ses portes aux touristes. Il faudra cependant que l'état et la nation s'attelle à relever les défis de l'environnement qu'ils délaissent et précipitent la dégradation jour après jour. Il faut créer au moins ces espaces de visite desquelles le pays peut être fier.

Haïti est ouvert aux touristes ! Le souhait est que la chaleur tropicale et la nature effervescente de ce peuple de rêve motivent l'implantation d'un itinéraire touristique adéquat qui pourrait dans la réalité représenter un réel appât pour autant de visiteurs possible.

## TÈKS # 16

## HAÏTI/CONSEIL ÉLECTORAL : Du Provisoire Au Permanent Vicié

## (21 Août 2012)

**Pour résoudre nos crises qui s'éternisent, il faut une conférence nationale.**

Nous sommes au mois d'Août 2012, il a fallu attendre vingt-cinq ans depuis la ratification de la constitution de 1987 pour voir l'avènement d'une présidence improvisée qui s'acharne à la remise à l'heure de nos pendules depuis si longtemps rouillées par les retards, les absences, les oublis, les aberrations et les violations des principes de leur fonctionnement. Il a fallu tout un imbroglio d'élections farfelues pour avoir un gouvernement qui déclare publiquement s'engager tant bien que mal à consolider les institutions haïtiennes. Mais quelle consolidation !

Gérant ses propres problèmes, générant ses propres frustrations, diversions, distractions, scandales et autres, à partir de dérives inacceptables et quasiment parfois inévitables, cherchant un équilibre entre les avatars du pouvoir, les pressions de l'extérieur et les antagonismes traditionnels de l'intérieur, le gouvernement Martelly, bénéficiaire du fiasco de la classe politique des années post-duvaliériennes en Haïti et du support d'une communauté internationale vouée à faire tourner Haïti en rond, a su prendre un cap dans la tradition de nos caps vers l'échec, mais cette fois il y a les pompes des meilleures intentions même si ce ne seraient à la fin que des expressions de relations publiques bien claironnées. Cependant, nous sommes sur la mauvaise route et un changement de conducteur ou chauffeur, de techniciens/mécaniciens, de travailleurs et de passagers ne peut jamais garantir de nous ramener à bon port. C'est ce que nous donnent toujours les élections et le politiques traditionnelles du statu quo du fonctionnement de nos institutions et du pays en général.

Dans la liste de ses grands accomplissements pour la stabilisation de nos institutions, après moins de deux ans au pouvoir, le gouvernement Martelly se crédite :

- La promulgation de l'amendement de la constitution
- La nomination des juges de la cour de cassation
- La formation de Conseil Supérieure de la Police Judiciaire (CSPJ)
- Et tout récemment la formation d'un Conseil Electoral Permanent

Le bilan semble très impressionnant quand on le compare au laxisme de ses prédécesseurs. Cependant, Il semble y avoir dans toutes ces velléités des vices de forme et de fond et un manque de consensus nécessaire qui conviendrait mieux à la conjoncture sociopolitique d'Haïti dans cette ère post-dictatoriale. Mis à part les tumultes qui ont entouré la promulgation de l'amendement constitutionnel, la nomination des juges de la cour de cassation, et la formation du CSPJ, le cas du Conseil Electoral semble être la pierre d'achoppement parmi les décisions du gouvernement Martelly/Lamothe. En effet les enjeux politiques liés à un Conseil Electoral Permanent sont de taille, d'autant plus que l'ont été ceux avec les conseils provisoires qui n'ont été que des marionnettes réalisant des élections truquées sous les diktats de l'internationale et les magouilles des gouvernements en place et des partis politiques impliqués dans les courses électorales.

**Quels sont donc les dangers ?**

Un Conseil Electoral Permanent signifie l'établissement d'une institution qui par son autonomie aurait le pouvoir de décider, en toute indépendance, de l'avenir politique de la nation à partir de la réalisation d'élections transparentes pour doter le pays de ses futurs dirigeants. Dans un système où la corruption est la règle, la suspicion, le doute, l'hésitation sont plus que normaux.

La création d'un Conseil Electoral Permanent biaisé à la base peut être beaucoup plus néfaste pour la politique en Haïti que ne l'étaient les conseils provisoires d'avant. L'autonomie de cette institution ajoutée à la permanence de son existence (nous parlons de ses membres) attisera encore les antipathies, l'opposition et la réprobation des secteurs de la vie nationale qui ne se sentent pas représentés et qui pourront déceler la mainmise d'autres secteurs. Et les crises postélectorales continueront, et les querelles politiques intempestives perdureront, et nous montrerons encore au monde l'image d'un peuple qui ne peut diriger son destin effectivement sans courtiser avec l'intervention externe. Et rien n'est nouveau.

Le renouveau d'Haïti ne pourra jamais se faire sans une réconciliation de la nation avec elle-même à partir d'une conférence nationale, nécessaire pour cimenter un pacte consenti pour un plan stratégique mutuellement agréé.

Qu'il soit issu d'élections libres, qu'il soit largement populaire ou non, qu'il ait été légitimé par la communauté internationale ou des partis en quête d'une participation à la gestion du bien national, un gouvernement à la tête du pays qui ne met pas en branle la machine de la réconciliation nationale ne fera que l'enfoncer dans ses dissensions et alimenter les tensions continuelles qui l'enliseront encore plus dans son point de non-retour.

Le déficit d'intégrité, de notoriété et les crises de crédibilité de nos institutions et de nos citoyens, sont essentiellement les résultats de nos divergences et de notre non-identification à une cause commune. La conférence nationale pour la réconciliation nationale et l'adoption d'un pacte qui définira un plan stratégique de développement cimenteront cette union aussi bien que le pacte du mois d'Août 1791 sous le leadership de Boukman qui a uni nos ancêtres vers l'objectif commun de la lutte contre l'esclavage et pour l'indépendance. Les grandes décisions à prendre pour la refondation de nos institutions ne seront jamais solidement encrées dans la psyché nationale sans ce consensus. Le premier sacrifice et la première responsabilité incombent aux leaders en place, qui jouissent d'une certaine légitimité qui n'est pas farouchement contestée, de prendre avantage de l'opportunité pour refaire l'histoire.

**À ce carrefour, le leadership est crucial**
Un vrai leader est celui qui peut réunir autour d'une même table et rallier vers une vision commune et émancipatrice, des groupes divergents, un peuple dans ses vicissitudes, et toute une nation qui se cherche une orientation.

Haïti a besoin d'un pareil leader qui pourra s'ériger dans l'histoire en héros, transcendant la corruption et l'appât des richesses, la mégalomanie négative, et capable de renverser la vapeur du moteur de notre dépendance complète de l'étranger. Il lui faudra trouver la formule de l'unification vers un objectif commun qu'il articulera dans un langage compris de tous, accepté de tous et motivateur pour tous d'un engagement pour le changement réel en mettant en priorité les grands intérêts de la nation.

Un vrai leader saura galvaniser la torpeur de ce peuple souffrant d'une somnolence qui l'engourdit dans un marécage de misères et de désespoir. Un vrai leader saura juguler les défis et les blocages de l'international et apprendre à son peuple la nécessité de miser sur ses propres ressources.

**TÈKS # 17**

**LA DIPLOMATIE D'AFFAIRES : Opportunités Et Dangers Pour Haïti**

(23 Juillet, 2012)

« Hayti est ouverte aux affaires. / *Hayti is open for business* » est le nouveau slogan à la mode pour attirer les entrepreneurs de l'extérieur.

La 'diplomatie d'affaires', comme nouveau concept prôné par la nouvelle administration en place en Hayti, semble à priori être une initiative louable, en considérant les conditions de pénurie d'emploi, de pauvreté et du déficit d'utilisation des potentiels de production du pays. En effet, tout investissement qui aurait pour objectif de promouvoir le « *Made in Hayti* » à travers le monde aurait des retombées positives localement, sinon superficiellement. Quand on considère qu'avec le temps Hayti est devenu presqu'uniquement une société de consommation et de vente en détail, il s'avère donc impératif de revitaliser tous les secteurs de l'économie. Même l'agriculture, traditionnel fer de lance de l'économie, se trouve dans une situation d'affreuse décrépitude.

La 'diplomatie d'affaires' préconise l'ouverture du pays aux investissements étrangers par l'entremise d'ambassadeurs, chargés d'affaires, consuls et émissaires, qui devront faire de leur mieux pour vendre les potentiels du pays à l'extérieur. Dans ce sens, point n'est besoin de dire qu'à priori il faut pour la réussite de cette ambition, avoir de compétents, sérieux et habiles diplomates qui marchent dans la vision stratégique de leur pays pour bien savoir traiter avec les intérêts de leurs partenaires. Cela veut dire aussi qu'il faut d'abord une réévaluation de la compétence du personnel diplomatique en vue de s'assurer avoir les compétences en place pour mener les transactions à bon port.

Un diagnostic de la capacité d'auto-investissement devrait aussi être effectué à l'avance afin de dynamiser les engagements locaux d'abord et ensuite faire un appel guidé pour demander de l'aide là où les faiblesses existent afin aussi de s'assurer d'encadrer ces investissements dans le cadre d'un plan stratégique de développement national qui aurait déjà établi les priorités de l'économie.

Quid des investisseurs locaux ? Quid des nombreux expatriés qui ont un capital économique assez considérable pour pouvoir porter du sang neuf à nos finances en investissant dans ce qui bénéficiera le pays d'abord et constitue notre identité de production ? Y a-t-il un plan stratégique de développement national approuvé par l'ensemble de la communauté politique ?

Une analyse des effets socio-économiques induits par les investissements étrangers et l'aide internationale en Hayti nous montrera sans équivoque la faillite de ces initiatives. Qu'a fait la Reynolds dans l'amélioration des conditions de vie socio-économiques dans le département des Nippes ou la région de Miragoane ? Quel a été le résultat net en termes de bénéfices pour l'état et la population ? On peut aussi se référer à la pléthore de toutes ces Organisations Non-Gouvernementales (ONG) qui opèrent dans le pays et dont le rôle effectif est de maintenir la situation de dépendance qui justifie leur existence. Après des décennies d'interventions dans tous les domaines, où en sommes-nous aujourd'hui ?

Au moment présent où le leitmotiv de la croisade pour la relance économique est l'ouverture d'Hayti pour les affaires, il faut d'emblée se poser les questions : Quel business et pour quelle Hayti ? Allons-nous continuer à attirer les firmes transnationales à venir bénéficier de l'abondance de la main-d'œuvre quasiment gratis en Hayti comparativement aux pays riches sans viser aux bénéfices que nous devons en tirer ? Mettrons-nous notre patrimoine aux enchères des industries et investisseurs internationaux pour enfin perdre totalement notre auto-détermination ? L'Hayti de demain sera-t-elle la possession de multinationales impérialistes qui fera fi de notre souveraineté nationale ? Sera-t-elle un conglomérat de zones franches ? Allons-nous décider de vendre totalement les ressources et le patrimoine foncier du pays après un constat de faillite totale et d'incapacité d'autogestion ?

Certaines négociations politiques à des fins de satisfactions d'intérêts personnels ou de certains groupes et secteurs économiques ne sauront jamais viser le bien national. La supervision législative des actions et négociations gouvernementales, quand il n'y a pas de collusion entre ces deux pouvoirs, devrait être le garant de l'orientation des contrats entre le pays et les secteurs extranationaux dans le sens de la protection de l'avantage national.

Nous assistons jour après jours, sans vraiment nous en rendre compte consciemment, à la mainmise de groupes étrangers sur nos ressources et le patrimoine national par excellence qui est le foncier. Une nation/un pays ne saurait exister sans sa terre, et non plus sans ses ressources naturelles et autres, et surtout sans la souveraineté de décision sur ces dernières.

Hayti devient avec le temps un petit pays laboratoire des expériences des grands dans le monde. Maintenant à genoux, notre résilience traditionnelle à la sauvegarde du patrimoine territorial contre l'ingérence accaparatrice de l'étranger semble faner sous le poids des pressions externes et à cause de notre dépendance accrue des pays dits amis pour balancer notre budget national, donner à manger à nos citoyens, et nous venir en secours dans les cas de désastres naturels les plus bénignes. Nous sommes ainsi prêts à vendre le pays.

Il est certain que l'économie mondiale de notre époque réaffirme la nécessité de l'inter-échange. Cependant, dans notre cas où nous n'avons presque plus aucun avantage comparatif dans la production, il faudrait être précautionneux dans les négociations qui donneraient à l'étranger un droit de cité sur notre patrimoine et le monopole de la production sur notre terroir même. La «diplomatie d'affaires» doit faire bien attention aux hommes d'affaires et investisseurs invités à lancer leurs entreprises dans le pays. Leur agenda est plus souvent au détriment de notre nation.

Oui il faut ouvrir les portes d'Hayti pour les affaires, mais il faut définitivement un contrôle pour la sauvegarde de la souveraineté nationale, le rêve de devenir un jour auto-suffisant alimentairement et garder Hayti pour les Haytiens.

## TÈKS # 18

## KÒMANTÈ SOU TÈKS ODLERROBERT JEANLOUIE NAN DAT 12 SEPTANB 2010 (Appendice - Haïti : Les Problèmes, Les Solutions)

### (14 Septanm 2010)

Yon lòt fwa ankò Odler, sa a se yon bèl pèspektiv plen ak optimis. Men nou dwe fè yon ti brase lide, yon chita pale paske anpil nan nou, menmjan ak oumenm, ap chache nan syèl tankou sou latè yon pèspektiv ki kapab mete ti peyi nou an sou yon wout emansipasyon.

Li evidan ke nou dwe konsantre sou pwopozisyon konkrè nan kad yon plan estratejik ki soti depi nan elaborasyon vizyon, misyon, bi ak objektif, pou rive nan estrateji, ak aksyon konkrè ki pou pran apre nou idantifye sous resous ki kapab pèmèt yo reyalize.

Analiz ou a se tankou yon 'SWOT analysis' (nan lang anglè) nan pwosesis planifikasyon estratejik (Strengths, Weaknesses, Opportunities, Threats / Fòs – Feblès – Opòtinite – Menas). Sepandan sanble mwen pa tèlman wè de eleman enpòtan ladann. Pandan ou byen bay tout **Fòs** ak **Opòtinite** yo, epi mwen dakò sanpousan ak yo, optimis ou fè ou pa tèlman pote atansyon sou **feblès** ak **menas** yo.

San ke mwen pa pesimis, mwen panse nou dwe chita pale pou konnen kijan pou kontounen **feblès** yo ki anpil ak **menas** yo ki se de kokennchenn advèsè. Mwen pa pesimis ditou m ap redi l, paske mwen kwè defi ki pi gwo yo, sitiyasyon ki pi difisil yo se motivasyon yo ye pou gwo konbatan. Sepandan mwen vle di w ke nou dwe konsyan anpil de feblès ak menas yo. Si nou inyore yo sa kapab pèmèt yon reprezante obstak majè pou akonplisman plan emansipasyon pou peyi a.

Anpil nan eleman pozitif ou site yo, mwen apwoche yo antanke kouto de bò. Kote opòtinite yo bon anpil jan w dekri l. Sepandan istwa vi politik nou montre ke erè nou souvan fè se pa konnen kijan pou nou jongle ak opòtinite yo nan kad pou nou fè yo bay rezilta yo kapab potansyèlman bay. Nou toujou pase akote paske gen de faktè pafwa pou pa konsidere ki kapab bloke oswa nou espere ki pa p bloke nou. Tranblemandtè 12 janvye sanble li ta dwe yon katalizè ki pou reoryante moral politik ayisyen nan yon lòt direksyon. Ann gad ki rezilta nou rive jwenn !

Pou site de egzanp senp ladan yo, m ap pran dabò sa w di sou kominote entènasyonal la ki sanble angaje l seryezman pou ede Ayiti. Nou toujou konnen politik degrenngòch yo mennen tradisyonèlman ak ipokrizi yo nan volonte reyèl pou ede peyi a, ajoute sou mekanis fonksyonnman òganizasyon entènasyonal yo ak dinamik rapò nò/sid yo toujou la pou pèpetye sitiyasyon kritik nan peyi pòv yo pou jistifye ak pran avantaj de entèvansyon yo menmsi se pou bay èd. La ankò mwen dakò ke se lidèchip konpetan ak entèg nou dwe genyen ki pou pèmèt kontounen menas sa a ak bon politik nasyonalis epi negosyasyon sou baz enterè mityèl.

Dezyèm egzanp la se sa ou dekri tankou yon omojeneyite potansyèl popilasyon nou an. Sou baz analiz ou a ak done yo nou sanble nou se youn vre, men li pa evidan nan relasyon n genyen youn ak lòt chak jou ki karakterize pa yon chen manje chen grav ak anpil konplèks mare ak prejije. Pafwa nou reprezante pwòp obstak ak pwòp blokaj pou emansipasyon nou.

Mwen pa tèlman blame okenn endividi. Sinon fòk mwen ta blame tèt mwen anpremye. Mwen blame yon sistèm ki lage endividi a nan sitiyasyon

sa a kote anpil nan yo pèdi imanite yo akoz
bezwen primè yo ki pa kapab satisfè ak mank
fòmasyon sou tout pwen ou kapab konsidere.
Menm lidè yo ki gen monopòl avwa, pouvwa ak
savwa trè souvan genyen sekèl sitiyasyon grav tèt
anba sa a kote yo pa menm kapab wè ke
emansipasyon tout moun kapab kontribye a yon
meyè byennèt pou yo nan plis kè poze. Blan
kolonyalis te vin reyalize ke sistèm esklavajis pa p
kapab garanti yo richès ak byennèt ankò ak la pè
nan tèt. Yo te bije dakò retire chenn nan nan pye
esklav yo pou chache mete l yon lòt kote. Nan ka
pa n nou ta dwe konprann ki ajisteman ki pou fèt
nan sitiyasyon n ki diferan.

Lajan ki kapab disponib la bezwen bon jesyon.
Ekip ki kapab nan pozisyon pou deside a bezwen
bon jesyonè double ak konpetans ak entegrite,
san konte vizyon ak tout lòt kalite bon lidèchip
nou bezwen yo.

Èske nou genyen youn nan kandida aktyèl nou yo
ki kristalize karakteristik sa yo ? Si nou genyen l se
pou li nou dwe fè kanpay pou pèp la vote pou li,

se li ki ta dwe opouvwa kote li dwe benefisye sipò tout fòs peyi a posib pou kapab engaje ajanda emansipasyon sa a epi etann li pou depase limit manda li nan kad yon antant oswa yon konferans nasyonal pou idantifye priyorite yo epi chèche yon akò nasyonal pou sipòte l odela manda yon prezidan oswa yon ekip.

Estatistik ou bay yo ki se dyagnostik sitiyasyon nou, se done moun dwe toujou kenbe nan lespri yo pou raple n kote nou ye, yon fason pou fè n sonje sitiyasyon malouk ke nou dwe chanje.

Mwen renmen solisyon ou pwopoze yo nan repons kesyon ki kote pou kòmanse a. Mwen ta swete ekspè nan domèn planifikasyon estratejik yo, ak konesè nan jesyon administrasyon piblik yo defini an detay plan aksyon ak desizyon espesifik ki dwe pran nan chak domèn yo.

Se atikilasyon aksyon konkrè sa yo ki toujou manke nan diskou politisyen yo, oswa paske yon pa prepare ak yon plan byen defini, oswa paske yo konnen yo pa p kapab reyalize yo, oswa paske yo konnen enterè ki anje yo pa p pèmèt yo reyalize yo epi se enterè sa yo yo espere ki ap ede yo rive opouvwa. Slogan kanpay politik se toujou deklarasyon emosyonèl pou fè mas plezi pou yo kapab vote ak kè yo.

Pa egzanp lè nou pale de objektif desantralizasyon an, kesyon espesifik yo se : ki premye aksyon ki pou pran, kisa ki dwe fèt konkrètman pou fè l, pa ki etap, kisa nou deside tout depatman, tout komin dwe genyen pou nou sèten pa p genyen yon depandans total de yon kapital santral ak yon gouvènman santral, ki lejislasyon nou dwe pwomilge kòm kad legal ?

Mwen panse zafè kad legal mwen site andènye pi wo a ta dwe premye etap la. Li lè li tan pou nou aprann pèp nou an ke etablisman yon eta dedwa dwe chita sou definisyon ak akò sou yon kontra sosyal, yon konstitisyon ak elaborasyon lwa ke nou dwe jire pou respekte alalèt. Lwa ki vin apre yo sou baz sa konstitisyon an di, dwe respekte soti sou pi gwo dirijan nan peyi a sou senp sitwayen. Plan estratejik devlopman peyi a dwe suiv tout preskripsyon konstitisyon an ki dwe remanye ak plis klarifikasyon pou evite konfizyon.

Nou dwe kòmanse pa aksepte yon gouvènman ki eli menm lè sa ta mande pou fè negosyasyon ak konpwomi politik ant pati ki gen ideyoloji diferan yo pou pyeje magouy elektoral ki kapab rive bay yon gouvènman ki konteste. Lejitimite demokratik gouvènman sa a ki ta dwe gen kredi konpetans ak entegrite ap vin yon baz konfyans pou ede tout kouch nan resous imèn peyi a ki kapab yo, kit se andedan peyi a oswa aletranje, vin kontribiye pou ede elabore plan devlopman nou sou yon tab negosyasyon nasyonal kote tout moun dwe jwenn. Kolaborasyon ant fòs limyè dwe toujou kapab chase tenèb. Dimwens se sa mwen ta panse.

Anplis de karaktè flou anpil pwopozisyon ak anpil lwa nou yo genyen ajoute sou delenkans, iresponsablite, karatè tilolit ti koulout, enkonpetans, koripsyon ak antipatriyotis leta a ki toujou genyen ladann sitwayen ki pa kapab aji lòt jan ke sa, akoz de move pli ansanm ak move fòmasyon depi alabaz sosyete a ba yo, vin fè ke nou pa janm genyen konfyans ni lafwa nan yon sistèm òganize. Gangrenn ki pouri sosyete nou an fè ke kounye a tout moun prèske pèdi espwa ki fè ke menm pwopozisyon ki gen valè yo vin pa gen zòrèy ki pou koute yo.

Men nou pa dwe dekouraje pou lese opòtinite yo pase. Mwen dakò, nou pa dwe chita ap pale anpil toujou, nou dwe leve, nou dwe pran chaj, nou dwe chwazi bon lidè epi sipòte yo, nou dwe kòmanse travay. Men nou dwe reflechi tou pou n konnen travay la pa p fasil, nou dwe veye gòl ak men epi jwenn fason pou kontounen obstak yo.

Ann reflechi toujou pou aksyon pi konkrè. Ann chache jwenn mikwo pou kleronnen mesaj espwa a pou pèp nou ki fin nan desespwa.

## TÈKS # 19

## HAÏTI POLITIQUE : De Mal En Pis

*(12 Octobre 1993)*

Il est grand temps de constater que tous les efforts et les stratégies mises en branle depuis 1986 pour la résolution de la crise politique et socio-économique d'Hatti, et la mise du pays sur une voie de relance, n'ont abouti qu'à une aggravation de la crise a tous les niveaux. En effet, un diagnostic à date (octobre 1993) des indicateurs économiques et sociaux, ajoutés à la sombre image de la politique, montrerait une économie dévastée, une nation divisée, perdant son identité et sa dignité et partout discriminée, une situation politique chaotique et démagogique où en réalité ne règne que la loi de la jungle, un peuple sans avenir condamné à une constante lutte pour son présent et pour sa survie même.

Les antagonistes en présence sur la scène haïtienne sont les deux groupes qui sont traditionnellement opposés, surtout comme c'est le cas dans tous les pays du tiers-monde : exploitants/exploités, dominants/dominés, état rapace et antinationaliste/peuple "ignorant" et misérable. Cependant pour une compréhension plus claire de la conjoncture, il faudra prendre en compte les différentes classes de la société et leurs sous-composantes, de même que les institutions qui représentent des groupes d'intérêt divergents dont la vision pour le changement et paradoxalement même pour le maintien du statu quo n'est jamais la même.

Loin de la dichotomie macoute/démocrate, la société haïtienne est une société dans laquelle la corruption et l'antinationalisme a infecté dangereusement toutes les couches de la population. De 1804 à nos jours, le pays a connu des dirigeants comme Dessalines, Pétion, Christophe, Riché, Pierrot, Soulouque, Dartiguenave, Roy, Lescot, Estime, Magloire, Duvalier ; parmi eux clercs et ignares, nationalistes et vendeurs de patrie, mais venant tous différemment de la bourgeoisie, de la classe moyenne et du peuple. Le résultat est ce que l'on a aujourd'hui. La carte est donc à rebattre car le jeu est truqué et les gagnants seront toujours les tricheurs.

Alors qu'il est évident que le pays ne peut sortir de l'ornière où il se trouve que par une forte assistance étrangère, assistance économique positive, la communauté internationale continue à mal interpréter le problème, et à prendre des mesures qui révèlent la nature équivoque de leur bonne foi. I1 n'y a que deux choix stratégiques pour faire aboutir les revendications d'un peuple opprimés, c'est ou bien le chambardement total ou les négociations par l'exercice des pressions continues menées par un camp uni et considérablement fort.

La nouvelle donne de la politique internationale, avec une seule super puissance et un modèle de démocratie que l'on veut passe-partout, rend presque impossible toute velléité de révolution surtout dans les pays tiers-mondistes par un constant contrôle des mouvements populaires. D'autre part les négociations dans lesquelles Haïti est engagée sont loin de considérer la nécessite d'un réel changement dans la structure de base des institutions, la réconciliation de la nation avec elle-même et l'établissement d'un plan national de développement pour le bien-être de l'homme haïtien, paysans et citadins. Le pire c'est qu'aujourd'hui sur fond de désastre économique, sont aux prises deux secteurs, deux institutions qui ont la légitimité constitutionnelle et qui devraient coexister dans le respect et la protection réciproque. Ces deux institutions sont l'armée dont les performances parlent amplement pour elle, et le pouvoir exécutif, cristallisé dans la personne d'un président populaire il est vrai, mais idolâtré à l'excès.

Recrutant leurs fanatiques et alliés parmi le gros peuple, la bourgeoisie, l'église, la communauté internationale, ces deux forces en présence forment deux clans ayant chacun dans son camp des renégats, des corrompus, des mégalomanes et des gens de bonne volonté. Ce tableau rend difficile la distinction entre qui est réellement qui, et qui veut quoi pour Haïti. Sous prétexte de patriotisme, ils applaudissent l'un l'intervention étranger, l'autre les manifestations anti-ingérence ; suivant les circonstances acclament Charlemagne Péralte ou le méprise, disent vouloir le bien du peuple en le détruisant par les armes et la privation.

Dans cet imbroglio, le pays se doit de chercher sa voie de salut en dehors du chaos du fanatisme politique, réaliser le prochain miracle de son histoire qui sera de briser le cycle d'inefficacité et d'incapacité ; pays pauvre/marasme politique, marasme politique/pays pauvre.

# CONCLUSION

## LE BON LEADER

Le bon leader émancipe et libère
Aux dépens du flot il ne devient pas prospère
Il milite pour la cause d'une masse
De la fortune sans scrupule il n'amasse

La politique comme un sacerdoce pour le bien
Ne devrait pas être un repère de vauriens
Le leadership d'un peuple doit être une fonction
Exercée par des hommes de grandes convictions

Éclipsons les charlatans de l'arène
Surtout ceux qui nous causent de la peine
Corrompus pernicieux et inefficaces
Ils sont tous une grande honte pour la race

Le bon leader brise les chaines de la sujétion
Il combat pour la fin de l'oppression
Qui assujettit sa tribu dans la dépendance
En l'aidant à conquérir sa délivrance

## QUELLE EST NOTRE CHANCE DE RÉDEMPTION

Notre champ de vision est limité
Par l'étroitesse de nos perspectives
Notre déficit de clairvoyance
Notre rachitisme cognitif
Notre pauvreté intellectuelle
Vivant des standards nivelés par le bas

La médiocrité épate notre troupeau
Ainsi nos champions sont les escrocs
Nos leaders les malfrats
Nos idoles les vauriens
Et devant le podium des hâbleurs nauséabonds
Applaudit notre foule de renégats

Que faut-il pour émanciper
Une horde passionnée par la négativité
Que faut-il pour éduquer
Tout un peuple aliéné dans l'indécence
Que faut-il pour motiver
Une nation complètement cancérisée

## HAÏTI : PERMANENTE CONJONCTURE

La minorité des esprits sensés
Par la populace est chahutée
Par une classe pourrie est écartée
Par les clans corrompus est mystifiée

Quelle est notre chance de rédemption
Sont-ce de faibles variables dans notre équation
Parmi ceux que nous disons clairvoyants
Sont les pires de nos chenapans

## KISA NOU PWOPOZE

Nou pwopoze yon kowalisyon
Tout fòs vivan nan popilasyon
Tout depatman komin ak seksyon
Pou fè yon revolisyon
Chanje vye sitiyasyon
Ki lage n nan abominasyon

Nou kont eleksyon
Vye chwa magouy nan seleksyon
Si genyen youn ki ta lejitim
Se li ki ta dwe retire n nan labim
Deblozay politik yon sèl klan
Ki fè nou divize kan kont kan

Nou mande lidèchip rekonsilyasyon
Apre mea culpa sa ki te fè ekzaksyon
Ki dakò fè yon moso restitisyon
Aksepte dwa ak jistis pou yon nasyon
Konsa pa ta bezwen gen chanbadman
Pou rive jwenn yon bon chanjman

# HAÏTI : PERMANENTE CONJONCTURE

Nou mande yon plan stratejik
Ki konsène devlopman tout larepiblik
Ki elabore ak lide tout kouch sosyal
Ki genyen enterè nan kòz nasyonal
Yon antant sou yon kontra gouvènans
Ak pwojè alontèm san vye mannigans

Nou mande pou dakò sakrifis
Met ansanm pou izole patatis
Ak lennmi nan kominote entènasyonal
Ki toujou ap ba nou kou fatal
Se inyon tout sitwayen yon nasyon
Ki kapab wete l nan abominasyon

Si toutbon nou vle devlopman
Nou pwopoze pou chache chanjman
Nan mantalite ak nan tout aksyon
Pou n soti nan move sitiyasyon
Ann vin imanis ak bon karaktè
Ki konprann mizè kay tout frè ak sè

## KI LIT NOU MENNEN

Kisa nou kreye
Kisa n envante
Kisa n imajine
Kisa nou fonde
Kisa nou konstwi
Kisa nou pwodui
Ak fyète pou n di
Sa a se yon bon fwi

Si n ap vejete
Plede radote
Je pete klere
N ap ret krebete
Tankou ti bebe
Ki ret ebete
K toujou ap rale
San pa janm mache

Kisa n reyalize
Pou posterite
Pran pou eritaj
Pou yo fè pataj
Kisa nou ekri

# HAÏTI : PERMANENTE CONJONCTURE

Sou tablo lavi
Apre n fin mouri
Ki pou bon lekti

Ki kòz nou goumen
Ki lit nou mennen
Pou limanite
Konnen libète

Ki kan n apiye
Nan ostilite
Ant pèp ak tiran
Si n pa agranman

Nou dwe bay ochan
Pou sa k ap travay
Sa ki ap fè bon bagay
Pou pote chanje lakay
Men ki ret anba pay

Nou dwe bay ochan
Pou sa k ap batay
Sa ki dakò voye fay
Nan konba chak jou lakay
Anba fado gwo chay

## AYTTI : KONJONKTI PÈMANAN

Nou dwe bay ochan
Pou sa k ap milite
Sa ki fè l avèk diyite
Ki kenbe bon entegrite
Menmlè yo nan difikilte

Ochan pou konbatan
Ochan pou militan
Ki genyen rèv chanjman
Ki bezwen devlopman
Pou peyi n sensèman

Nou dwe jwenn chanjam
Pou konjonkti pèmanan
Ki rann nou koukouman
Byen lwen devlopman
Tankou kannannan

Nou dwe mennen lit
Kont tout tilolit
Sa ki ipokrit
Ki gen akolit
K ap ban n kout fo mamit

# APPENDICE

## HAÏTI : Les Problèmes, Les Solutions
OdlerRobert Jeanlouie

(12 septembre 2010)

Il n'y a rien de mauvais à propos d'Haïti qui ne peut pas être corrigé par ce qu'Haïti offre de bien, de beau, d'intelligent.

"La France était un grand pays, parce qu'elle était un grand empire colonial. Elle était un grand empire colonial parce qu'elle possédait Saint Domingue." (Thomas Villaret de Joyeuse). Haïti, à la fin du XVIII siècle, avait une économie agricole qui produisait la moitié du sucre consommé dans le monde entier. Cette richesse de la partie occidentale d'Hispaniola et la beauté physique de la portion d'ile en faisaient "le joyau de l'empire colonial des Bourbons", la Perle des Antilles.

Aujourd'hui, après 200 ans de dégringolade nationale, le pays, d'une superficie de 27,700 km carrés, plus petit que l'état américain du Maryland, a une population de 9,5 million d'habitants, ce qui fait une densité de 343 habitants par km carré, classe 31ième sur la charte des populations les plus denses du monde.

La phrase qui souvent accompagne le mot Haïti est : le pays le plus pauvre de l'hémisphère occidental. Comme une chanson, comme un refrain. Les indices économiques et les statistiques vitales tendent à le confirmer. Produit national brut : 6.5 milliard de dollars, classé 136ième dans le monde, dans un rapport de la CIA. Produit national brut per capita : $1.153 - 159ième dans le monde, dans le dernier rapport de la Banque Mondiale. Balance commerciale : $66 million de déficit l'année dernière (Ne vend rien, achète tout.) d'après le Fond Monétaire International.

Agriculture : détruite par l'érosion et la non-protection des producteurs locaux, rien ne reste de ce que Saint Domingue produisait. Population en dessous du seuil de pauvreté absolue (vivant avec moins de $2 par jour) : 80%. Taux d'alphabétisation : seulement 54% de la population de plus de 18 ans peuvent lire et écrire ; et encore.

Mortalité infantile : 49 enfants sur 1.000 meurent avant leur premier anniversaire ; rang : 136ième dans le monde, d'après le Bureau des Nations Unies sur la Population. Esperance de vie à la naissance : 59 ans ; SVP, comparez avec le Japon, 85 ans et les pays scandinaves (Suède, etc.), 83 ans.

Cette liste de mauvaises notes pourrait s'allonger aux dimensions de la gazette du dimanche. Elle est le résultat d'une nonchalance nationale, de la démission des cadres professionnels, de l'espoir que les étrangers vont venir résoudre nos problèmes aussi simples des fois que d'utiliser un condom (préservatif).

L'un des plus grands problèmes sociaux est que plus de 60% des Haïtiens ont moins de 30 ans, une population franchement pyramidale. Ce qui fait que 2/3 des Haïtiens sont nés après 1980 ; ils n'ont jamais connu la paix sociale, et le délice d'aller à l'école neuf mois sur neuf, sans avoir à endurer les conséquences d'une grevé nationale, d'un coup d'état, de kidnappings en séries, ou de plusieurs épisodes de "kouri" en plein midi, sans aucune cause apparente.

Le principal avantage pour les reformeurs de la situation haïtienne est l'homogénéité de la population nationale. Certains pays en quête de réaliser leur révolution économique et politique ont dû se démener avec des populations nationales ayant des origines ethniques, des religions, des langues, complètement différentes. On peut citer au hasard des exemples aussi divers que l'Espagne, la Chine, l'Union Soviétique, l'Irlande, l'Inde, le Nigeria, l'Afrique du Sud, l'Iraq, et les républiques balkaniques. Haïti est peuplée par 95% d'Africains, 5% de sang-mêlé, 99% de Chrétiens (80% sont Catholiques), et 100% de créolophones (dont 5% sont créolophones). Ils sont tous beaux, intelligents, fiers de leur origine, et pensent qu'ils ont le monopole de toutes les connaissances humaines. Ils aiment l'éducation, le travail, et leur famille. Privilégies et déshéritées sont tous malheureux des circonstances prévalentes. Ils aspirent tous à un lendemain meilleur. Uniformément ! On peut toujours argumenter qu'il y a une minuscule minorité qui profite de la situation actuelle pour se faire un pactole. Mais, il serait faux d'assumer qu'un millier de profiteurs peuvent garder en otage, ad vitam aeternam, une population de neuf millions. Qui plus est, ces profiteurs (jamais identifies, d'ailleurs) peuvent être des produits de l'imagination populaire, parce que, tout a chacun en Haïti bénéficierait d'un système ou les neuf million d'Haïtiens auraient un job, un peu d'éducation, et, dans leur poche, de l'argent à dépenser.

La question que tout le monde se pose est la suivante : Oui, bien sûr, mais par où commencer ? La réponse est simple et s'impose d'elle-même. Elle arrive en quatre points :

(1) Éradiquer le problème de l'insécurité publique (la tache de la MINUSTAH).

(2) Effacer les conséquences humaines et matérielles du tremblement de terre, et créer de nouvelles infrastructures.

(3) Décentraliser l'administration, en rendant chacun des neuf départements géographiques autonome.

(4) Promouvoir la création d'emplois en invitant et encourageant les grandes entreprises étrangères et les petits

investisseurs haïtiens à établir leurs shops dans le pays.

Avec la restauration de la sécurité et la mise en place d'une taxation favorable aux entrepreneurs, cinq million de jobs peuvent être ainsi crées aisément en deux ans. Garanti ! En 2013, la pauvreté, comme nous la connaissons, serait éradiquée de la terre haïtienne. Chaque Haïtien aurait le gite et le couvert, comme dans les années 50, ou il n'y avait pas de sans-abris ou de bidonvilles en Haïti. De là, ce serait le moment de se concentrer sur la deuxième étape du développement : l'éducation et la sante pour tous. La troisième étape serait la conquête des marchés internationaux et la compétition économique avec Taiwan, Costa Rica et Singapour.

Pour réaliser un tel programme, en tant qu'esquisse, il faut deux éléments importants : l'équipe capable de le réaliser, l'argent pour le faire.

L'argent est là. Deux milliards de dollars envoyés chaque année au pays par les résidents de la diaspora haïtienne, malheureusement cet argent est utilisé aujourd'hui à acheter des marchandises et des services délivrés par des compagnies étrangères, et les bénéfices locaux s'évaporent. Onze milliards de dollars mis en gage par la communauté internationale pour éradiquer les effets du tremblement de terre. Dix milliards de dollars que Washington dépenserait pour Dix milliards de dollars que Washington dépenserait pour éviter qu'Haïti devienne un pays déchu dans la mer des Caraïbes, un bouillon de pauvreté et de désespoir propice à l'incubation des idées islamistes militantes, terroristes, et une route préférée pour le trafic des narcotiques. Des dizaines de milliards de dollars que les pays de l'Union Européenne et les hommes d'affaires canadiens, américains, latino-américains, chinois débourseraient pour avoir leur tranche du gâteau touristique d'une Perle des Antilles renaissante, et une mainmise sur une main-d'œuvre à bon marché.

L'équipe est là. À la faveur des élections de novembre prochain les Haïtiens choisiront des hommes et des **femmes** intègres et compétents, expérimentés et visionnaires pour peupler les corps exécutif et législatif, et donner le grand départ au renouveau national. Les éléments de cette équipe se retrouvent abondamment dans cette Génération Dorée, née avant 1970, parmi ceux qui n'ont pas encore atteint l'âge de la retraite. Ils ont 40 ans, ils ont 50 ans, ils ont 60 ans. Ils ont bénéficié de la paix sociale et sécuritaire des années 70 et 80. Ils ont fait des études sérieuses en Haïti et à l'étranger. Aujourd'hui, ils sont des professionnels, des technocrates, des bureaucrates, des techniciens, des hommes d'affaires, des membres de sociétés commerciales et d'universités élitistes, qui ont élevé leurs enfants, assuré leurs lendemains financiers. Certains vivent au pays et n'ont jamais laissé ; beaucoup d'autres habitent à l'étranger. Ils sont la crème de la crème. Ils sont tous Haïtiens. Ils ont tout reçu de leur patrie ; ils ne lui ont rien donné en retour. Finalement, ils sont prêts à servir leur pays... de près ou de loin. Sans rémunération !

Combien faut-il de temps pour garantir la sécurité et l'emploi, le gite et le couvert, l'éducation et les soins de santé à une petite population homogène de neuf millions, peuplant une petite superficie pas plus grande que celle de l'état du Maryland, que le monde entier est disposé à aider et à supporter ? Sans les discours. Cinq ans ! Est-ce trop ?

L'argent est disponible. L'équipe est prête. La coopération internationale est impatiente. Ce ne sera même pas un miracle ; ce sera une simple tâche accomplie. Allons-nous continuer à nous asseoir sur nos mains, et continuer à parler en pile ? Allons-nous nous lever, prendre charge, choisir, supporter nos leaders de demain, et commencer à travailler ? L'opportunité est là ; allons-nous rater le train de l'Histoire ? Qu'attendons-nous ?

*http://rockmasters.com/flyers-2010/odler-jeanlouie-haiti-les-problemes-les-solutions-09-12-10.htm*

## AU SUJET DE L'AUTEUR ET DE SON ŒUVRE

**Bito David** est né en Haïti, dans la ville de Pétion-Ville. Après avoir terminé ses études primaires et secondaires, respectivement à l'Institution St. Joseph et au Petit Séminaire Collège St. Martial, il est allé à la Faculté d'Agronomie et de Médecine Vétérinaire où il s'est spécialisé en Economie et Développement Rural. Il a émigré aux Etats-Unis, plus précisément dans le sud de l'état de Floride en octobre 1991, et là il a continué ses études pour obtenir un baccalauréat en Gestion Administrative et une maitrise en Fondations Culturelles de l'Éducation.

Il professe dans le domaine de l'éducation comme Spécialiste en Relations Publiques et en Communications Multiculturelles pour le district scolaire du comté de Palm Beach. Ses fonctions comprennent l'établissement et le maintien d'un système de communications et de collaboration entre le district scolaire et la communauté haïtienne, y compris les médias, les parents, les entreprises et organisations communautaires, pour une plus grande implication de la communauté dans l'éducation. Il milite aussi énergiquement pour l'intégration de la culture haïtienne dans la célébration multiculturelle aux Etats-Unis.

Il a reçu en janvier 2005 le prix « *Golden Achievement Award* » pour l'initiative et les différentes activités réalisées dans le cadre de la célébration du Mois de l'Héritage Haïtien dans le comté de Palm Beach, et en mai 2008 le « *Prix de Service Distingué* », pour son service exemplaire, son dévouement et sa loyauté au service de sa communauté dans le sud de la Floride.

Outre ses fonctions professionnelles dans le domaine de l'éducation, Bito David est aussi un écrivain/poète. Il est l'auteur de plusieurs articles dans des revues et journaux locaux aux Etats-Unis. Ses ouvrages traitent de la situation socio-économique et politique d'Haïti et aussi d'autres sujets relatant de la philosophie, l'amour, l'humanisme et les faits divers de la vie de tous les jours.

Sa bibliographie comprend une variété de titres qui sont répartis en plusieurs séries :

**SÉRIE SPÉCULATIONS ET PHILOSOPHIES**
- SPÉCULATIONS : L'homme, Dieu, La Vie, Le Monde Et La Société
- DES IMAGES ET DES PENSÉES
- CANEVAS D'UN LIBRE ARTISTE
- CITATIONS
- SPÉCULATIONS II : Les Éruptions De La Pensée, (à publier)

**SÉRIE HUMANISME**
- L'ENCRE DES PLUMES DE MIEL ET DE SANG,
- COMMENT CHANGER LE MONDE,
- MASQUES ET NUDITÉ
- WORDS AND LINES
- THOUGHTS AND INSPIRATION,
- BRÉVIAIRE D'UN HUMANISTE (à publier)

## SÉRIE HAÏTIMANYA

- AYITIMANYA : Tragédie Tropicale
- PEINES D'UNE TRAGÉDIE : 12 Janvier 2010
- AYITIMANYA II : Rires Et Larmes, Espoir Et Détermination
- BREVYÈ YON PATRIYÒT
- BLAKAWOUT Ak Espwa Limyè
- VERSETS PATRIOTIQUES (à publier)

## SÉRIE CONJONCTURE POLITIQUE HAÏTIENNE

- MANIFESTE : Défis À La Nation Haïtienne
- PREZIDANS MATELI AYITI : Lepoukwa, Lekòman – Ki Espwa Pou Ayiti
- HAÏTI : Permanente Conjoncture / AYITI : Konjonkti Pèmanan

## SÉRIE HAÏTI ET SES COMMUNES

- MONOGRAPHIE DE LA COMMUNE DE TERRE-NEUVE
- MARCHAND : La Ville De L'Empereur, (à publier)
- PORT SALUT : Entre La Mer Et La Terre, (à publier)

## SÉRIE CULTURE ET HÉRITAGE HAÏTIEN

- MOTIVES FOR PRIDE
- FACING THE CHALLENGES (Co-Éditeur)
  (à publier)
- MY HAITIAN NEIGHBOR: A Cultural Handshake
  (to be published)

## SÉRIE PERSONNAGES IMMORTELS HAÏTIENS

- TI PARIS : Twoubadou Nasyonal
- COUPÉ CLOUÉ : In Memoriam,
  (pou pibliye)
- MANNO CHALMAY : 50 Mizik Revolisyon,
  (pou pibliye)

## SÉRIE PHANTASMES

- PHANTASMES : Aphrodite En Do Majeur
- LES NOUVELLES FLORAISONS
- EROTICA - PHANTASMES III : Éruptions De
  Lubricité  (à publier)
- PHANTASMES IV : Mots D'amour,
  (à publier)
- OJAS EN EL VIENTO, (à publier)

## SÉRIE VARIÉTÉS

- AKWARÈL
- FEMME D'AMOUR, FEMME DE VIE
- LES PETITES RUES DE LA VILLE SOUVENIR, (à publier)
- LES PETITS RIEN (à publier)
- LES MURS DU SILENCE (à publier)
- LA VIE AU QUOTIDIEN, (à publier)
- FUMÉE D'ENCRE, (à publier)
- LE VIDE DES MOTS, (à publier)
- LES ANGES DU PETIT BON DIEU, (à publier)
- OZEPAB, (pou pibliye)
- OVATIONS À LA NUIT (à publier)

## SÉRIE LANGUE ET CULTURE KREYÒL

- HAITIAN KREYÒL : Kesyon Senp, Repons Senp / Basic Questions, Basic Answers
- KREYOLOFONI : Powèm Pou Selebre Mwa Kreyolofoni
- STILISTIK KREYÒL AYISYEN (pou pibliye)

## SERI KOLIBRI (KOnesans se LIBète ak RIchès)

- SI M T AP EKRI MEN SA M T AP DI (I) (pou pibliye)

- SI M T AP EKRI MEN SA M T AP DI (II)
  (pou pibliye)
- SI M T AP EKRI MEN SA M T AP DI (III)
  (pou pibliye)

## SERI LITERATI KREYÒL
- LITERATI KREYÒL : Pawoli An Chalkali
- LITERATI KREYÒL : Ekriti An Grafiti
- LITERATI KREYÒL : Pwezi Ewotik

À partir de ces séries, l'auteur qui se définit comme un activiste intellectuel, exprime des idées et réflexions sur ses principaux domaines d'intérêt qui sont :
- l'éveil de l'homme et de l'humanité à un niveau supérieur de conscience cosmique,
- la célébration de l'humanisme comme philosophie d'émancipation intégrale de l'homme,
- la reconnaissance des contributions d'Haïti et du peuple haïtien à l'histoire du monde,
- la promotion de l'identité culturelle, historique et sociale du peuple haïtien et de son psyché,

- le rapatriement des ressources humaines haïtiennes,
- le développement du Créole haïtien comme véhicule de l'identité socio-linguistique et culturel du peuple haïtien,
- la participation citoyenne à la cause du développement d'Haïti,
- l'avènement d'un leadership visionnaire, compétent et intègre pour servir de levier pour la cause du développement en Haïti,
- l'émancipation de l'homme Haïtien à un degré de conscientisation qui motivera son épanouissement.

www.ingramcontent.com/pod-product-compliance
Lightning Source LLC
Chambersburg PA
CBHW071222290326
41931CB00037B/1847